アジアの奇岩・奇峰

石灰岩の岩峰
（中国・雲南省・石林）

石灰岩のカルスト地形
（中国・広西チワン族自治区・桂林郊外）

石灰岩の岩棚
（ラオス・ルアンパバーン・セーの滝）

海の石灰岩地形
（ベトナム・ハロン湾）

酸化鉄を含む山
（中国・トルファン・火焔山）

凝灰岩の奇岩
（トルコ・カッパドキア）

熱帯林と乾燥地帯

キナバル山
（マレーシア・ボルネオ島・サバ州）

熱帯林（マレーシア・ボルネオ島）

草原の草花・イブキジャコウソウの仲間
（中国・内モンゴル）

ステップ草原
（中国・内モンゴル）

列車からの岩礫砂漠
（中国・新疆ウイグル自治区）

砂砂漠 鳴沙山
（中国・甘粛省敦煌郊外）

寺院と宗教施設

上座部仏教　ワットプラケオ（タイ）

大乗仏教　寒山寺（中国・蘇州）

ヒンドゥー教
スリ・マハ・マリアマン寺院
（マレーシア・クアラルンプール）

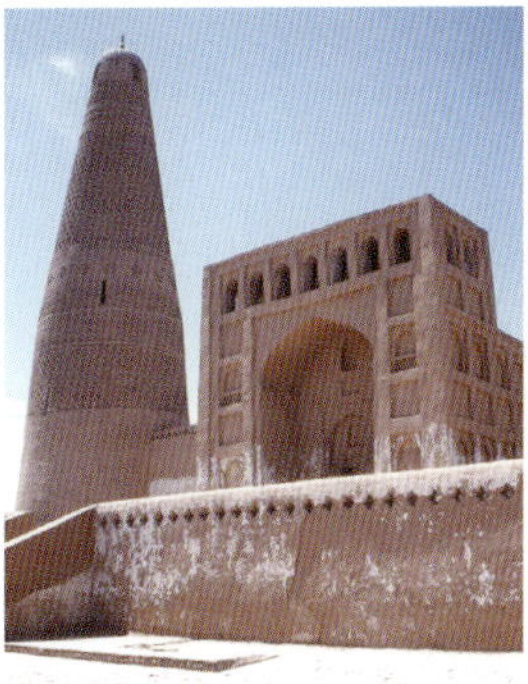

イスラム教
蘇公塔（中国・トルファン）

チベット仏教
大召無量寺（中国・フフホト）

キリスト教
聖ソフィア教会跡（中国・ハルピン）

動物園の動物たち

オランウータン
（ボルネオ島・コタ・キナバル）

アムールトラ
（中国・ハルピン）

クロサイ（スリランカ・コロンボ）

テングザル（マレーシア・ボルネオ島）

コアラ（ブリスベーン）

ボルネオピグミーゾウ（マレーシア）

アジアを巡る旅

森田康夫

南方新社

まえがき

「みんな目を閉じて！　この夏、海外旅行に行ってみたい人は手を挙げてください」

私は一瞬躊躇《ちゅうちょ》した後、馬鹿正直に目を閉じたまま手を挙げた。

一九九〇（平成二）年の四月、とある県立高校の学年の飲み会での出来事である。発起人は、これまで何度も海外への渡航を経験している地理の先生。それから数日後、その先生から集合がかかった。集まったのはその会に出席していた中の、男五人。発起人も含めて六人である。それから何回か打ち合わせが行われた。行き先、期日、予算等々。発起人を除いて自由旅行を経験した者はいなかったから、詳細はすべて彼任せである。特に、格安航空券を利用するため発券後期日の変更はできないことや、キャンセルしても代金は返ってこないことをくどいほど念押しされた。そして出発当日。発起人のリーダーを先頭に、六人は鹿児島空港から当時就航していた香港ドラゴン航空の飛行機で勇躍香港へ旅立ったのである。

その八年前に新婚旅行でハワイに行ったきりの二回目の海外は、当時まだイギリスの信託統治領だった香港から、中国の広東《コワントン》地方を廻《まわ》って再び香港・マカオ（当時はまだポルトガル領）

1990年の香港・九龍城

を訪れる十一日間の旅だった。この旅、事前に決まっていたのは往復の航空券と初日のホテルのみ、後は行き当たりばったりの自由気ままな旅である。「途中の移動手段は？」「ホテルは空いてるの？」。不安は常につきまとう。しかし案ずるより産むが易し、何とかなるものなのだ。広州《グアンヂョウ》では、おびただしい「盲流《もうりゅう》（仕事を求めて田舎から出てきた無宿人）」の間を抜けて駅前の流花賓館に予約なしで飛び込んだが、ちゃんと六人分・三室のツインルームを安く確保できた。広州から次の行き先は決めてなかったものの、第一候補の桂林《グエリン》への国内線の航空券も簡単に取れた。驚いた。本当に何とかなるものなんだ！

初めての自由旅行で見る中国のなんと新鮮だったことか。「広州市内の道路の混雑と喧噪の渦」「タクシー運転手の荒っぽい運転」「命がけの道路横断」「うまい小籠包」「生ぬるいビールやジュース」。何もかもが驚きと感動の連続だった。私はこの旅で、すっかり旅の虜《とりこ》になってしまったのである。ホテルやタクシー、食堂などでは、常にリーダーの横にまとわりついて交渉のやり方を学んだ。英語は特別流暢じゃなくても大丈夫。でも語彙力は重要。単語を並べればなんとかなる。地名は現地語（中国語）で言えるようにしておく。特に漢字を日本語読みしても中国人は全く理解できない。中国では筆談が可能だ。数字や地名は紙に書いて示せば何とか伝わる。人混みではスリやひったくりに注意すること等々。

翌年は、前年の五人に一人入れ替わった六人で韓国に渡った。ワゴン車を関釜《かんぷ》フェリーに積み込み、韓国内を車で移動しながらの八日間の旅である。リーダーはもちろん地理の彼。私も国際免許を取得して右側通行の慣れない道を運転した。現地の交通法規を知らないため、二回警察に止められた。幸い外国人ということで罰金を払わされることはなかったが、運転には神経をすり減らされた。もう二度と外国で車の運転はしないと心に誓った。運転に気を取られて途中の景色を何も覚えていないのである。三年目は、他校に転勤した彼と彼の学校の若い地歴科の先生を含めた三人で、タイ・マレーシア・シンガポールへ、二週間の旅。これが最も過酷だった。十三泊のうち五泊は列車での車中泊。ホテルも一部屋一泊千五百円ほどの安宿の一室に三人で泊まる。二週間で航空券代も含めて十七万円しか使わなかった。この三回の旅で、アジア自由旅行のノウハウはおおよそ身についたという自信が持てた。四年目は初めての単独旅行。中国江南《チアンナン》地方、十日間である。七年目にはついに、妻子を連れてインドネシアのバリ島を訪れた。往復の航空券とホテルのみ予約し、観光はすべて現地調達である。その方が日本で予約するよりずっと安い。

あれから二十六年。毎年欠かさず夏休みにはアジア各地を訪れている。夏が近づくと職場の同僚から「今年はどこへ行くの？」と聞かれるようになった。子どもが小さいときは妻に迷惑をかけたかもしれないが、もう妻も諦めている。その代わり経費はすべて自分の小遣いでまかなうよう努力している。毎月の小遣いの一部や、各種の手当てはすべて旅費としてプールしておく。一回の予算は約二十万円。何とかこの範囲で済むよう工夫する。航空券は格安を探ためいくつかの旅行社に見積もりを出させ、最も安い社のチケットを購入する。ホテルもエコノミークラス。予約はしない。しても最初の一泊目のみ。夜遅く現地に到着した場合、それからホテルを探すのは難しいからだ。ただ最近は加齢で体力も落ちてきたし、予算に多少の余裕もできたので、事前に中級ホテルを予約することが多くなった。

これまで旅行したアジア各地の旅で、印象に残った訪問先や出来事を紹介する。国別・旅行別ではなく、興味関心のあるテーマごとに各章を構成した。高校で理科（生物）を教えていた関係で、自然科学的なテーマが中心となっている。そこには旅行期間の一部を「研修」という名目で休みをもらっていることにも起因する。自然の風景、動物や植物、動物園や博物館といった施設。さらに、門外漢ではあるが宗教に関するテーマも設けた。有名な遺跡などは、そのほとんどが宗教に関係するものだからだ。この本でアジアの熱気や自然の様子を少しでも伝えることができれば、幸いである。

言葉や用語の使い方については誤った表記もかなりあると思う。ひとえに乏しい国語力と執筆経験が少ないためである。どうかご容赦願いたい。なおこの本の刊行に当たっては、南方新社の向原祥隆氏と大内喜来氏に助言をいただいた。厚く感謝申し上げます。

アジアを巡る旅——目次

おまけの章　ちょっとドキドキした話　182

アジア全図

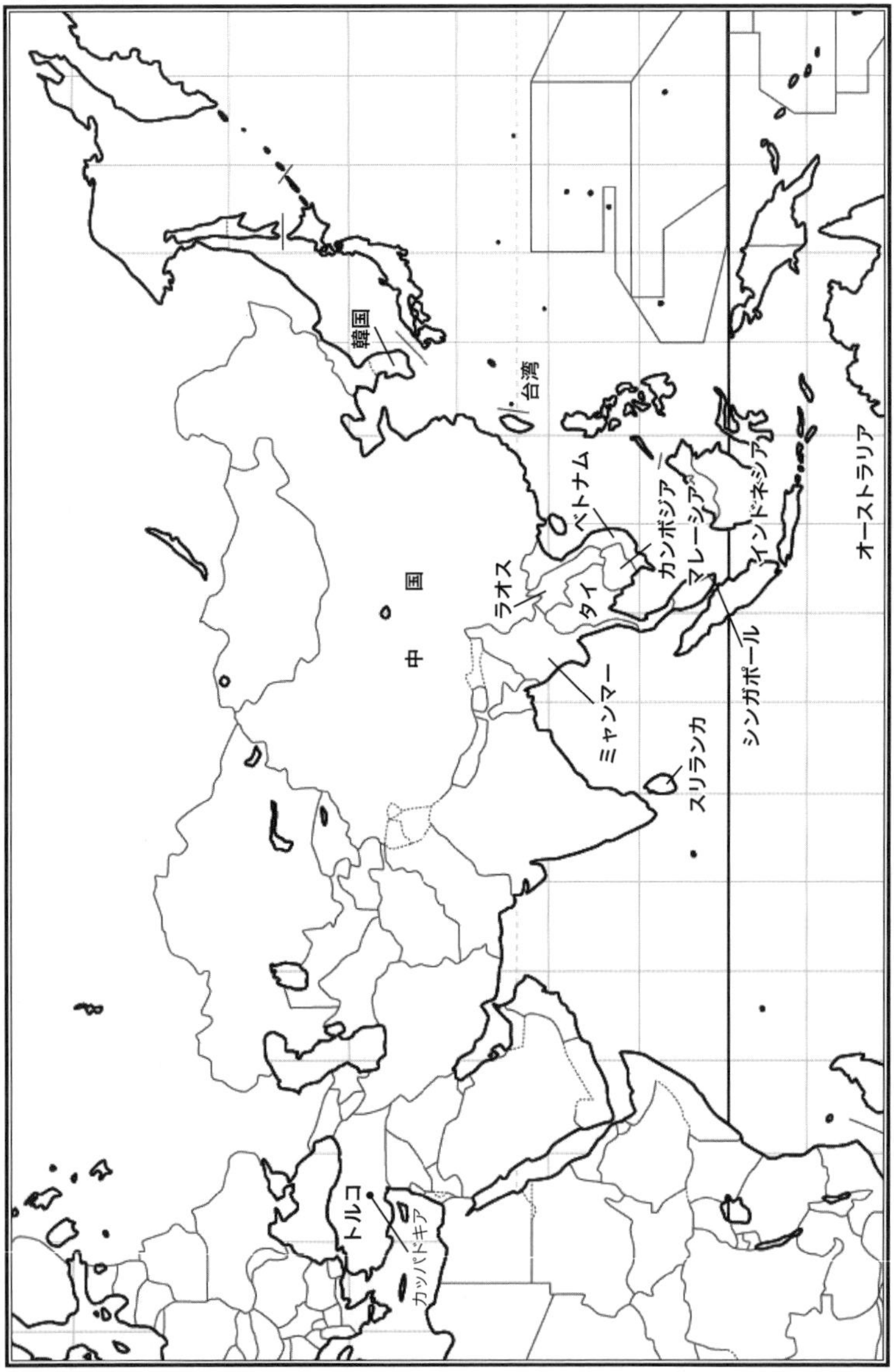

韓国
台湾
中国
ベトナム
ラオス
タイ
カンボジア
マレーシア
インドネシア
シンガポール
ミャンマー
スリランカ
オーストラリア
トルコ
カッパドキア

アジアを巡る旅

第一章　奇岩・奇峰を訪ねて

私たちが住む日本も含めて、地球上の陸地には様々な形の地面の凹凸が存在する。そこでは土地の隆起や沈降、火山活動、さらに風化や侵食によって実に変化に富んだ地形を見ることができる。

狭い日本を離れて世界に目を向けると、その地形はさらに雄大である。数千万年あるいは数億年という長い年月をかけて造り上げられた地上の景観は、気の遠くなるような長大な時間の経過を実感として感じさせてくれ、それを見ると人間の一生など一瞬の間に過ぎないと思わせられる。

まず初めは、アジア各地の大地の造形の一部を紹介したい。もちろん観光目的で訪ねただけの短期間の訪問であり、ごく一部の限られた場所を紹介するに過ぎない。それでも日本では見ることのできない大地に刻まれた時間の流れは、地球の長い歴史を知る上で貴重な体験であると同時に、自分自身の生き方や考え方に大きな影響を与えることになったことは間違いない。

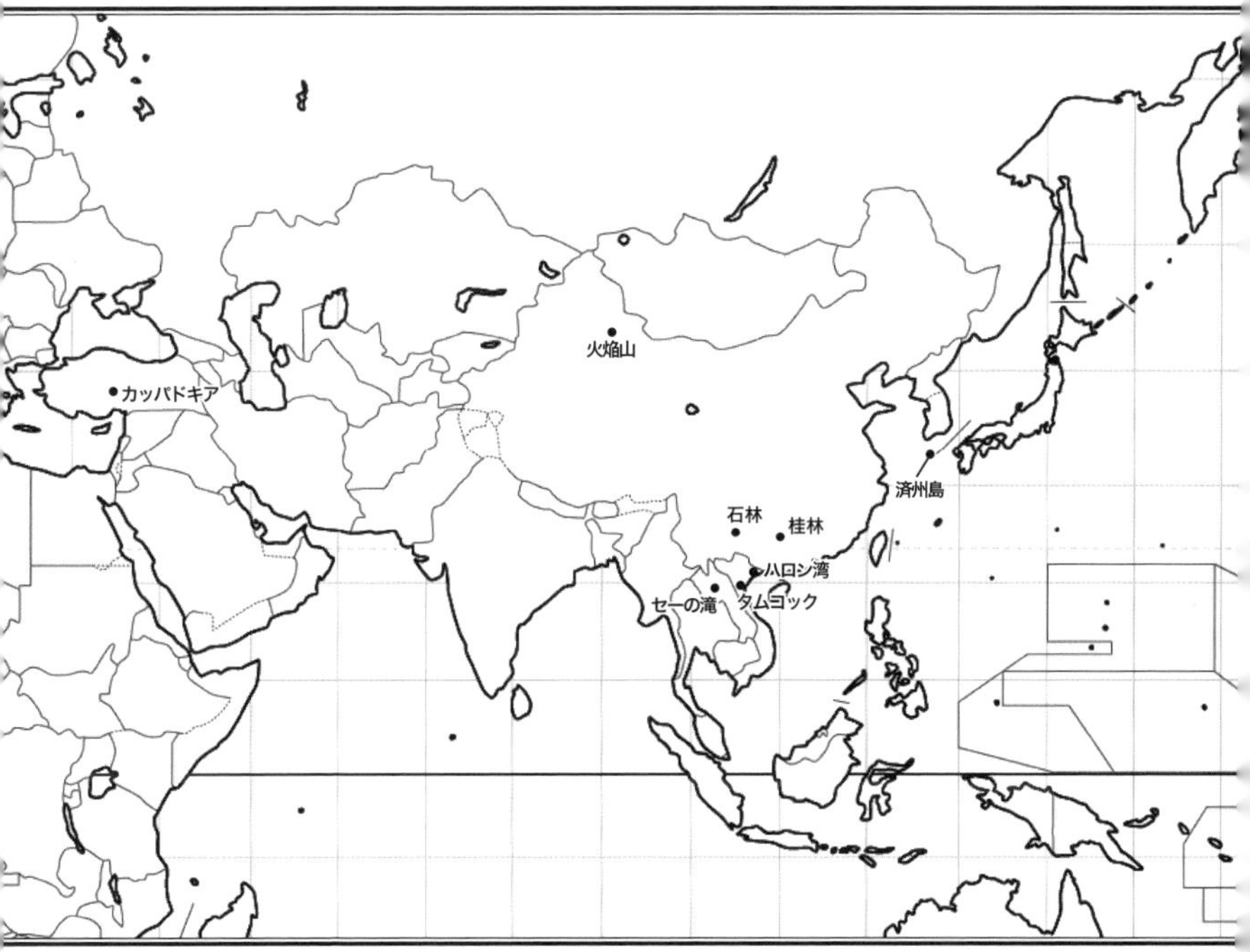
火焔山
カッパドキア
済州島
石林
桂林
ハロン湾
セーの滝
タムコック

石灰岩地形

石灰岩は今から五～一億年前の古生代オルドビス紀や石炭紀、中生代の頃、地球が現在より温暖な気候であったとき、浅い海に生息していたサンゴやウミユリ、有孔虫などの生物の死骸が数百ｍの厚さに堆積し、上からの圧力によってできた岩石である。それが隆起して地上に現れた後、水に溶けやすい性質のため長い年月の間に浸食が進み、鍾乳洞や断崖絶壁の急峻な地形となった。日本でも山口県の秋吉台や大分県の風連鍾乳洞などが有名で、我が鹿児島県にも隆起珊瑚礁の島である沖永良部島や与論島には、大規模な鍾乳洞が現存する。

アジア大陸では、日本よりはるかに規模の大きい石灰岩地形を見ることができる。それらの中にはユネスコの世界自然遺産に登録されているものもあり、大勢の人々が訪れる観光地にもなっている。

桂林《グエリン》（中国・広西《コワンシー》チワン族自治区）

一九九〇年の八月、鹿児島空港から当時就航していた香港ドラゴン航空で香港へ飛び、列車と飛行機を乗り継いで広西チワン族自治区の桂林へ入った。当時も「風光明媚な山水画の世界を船で下る」桂林の名は有名で、世界中から多くの観光客が訪れていた。

桂林の周辺は数百平方kmの広範囲にわたって石灰岩地形が連なり、街の周囲にも標高三百〜五百mの奇岩・奇峰が乱立している。それらの景観を保護するため、ここでは高層ビルの建設が禁じられており、五階建てを超える建物は見られない。

観光のハイライトは、桂林を流れる灕江《リージアン》の数km下流にある桟橋から、小型の船に乗って下る灕江下り。定員二十〜三十人乗りの二十tにも満たない平底船で約六時間の船旅である。船には数人の乗組員がいて、途中で昼食を提供したり土産物を販売している。乗務員の中には公安だろうか、制服姿で始終船客と乗組員に鋭い眼差しを送っている者もいて、中国が共産主義国家だということを思い出させてくれる。ちなみに中国では、この旅の一年前に天安門事件が起こったばかりで、人々の動向には監視の目が絶えず注がれていたと聞く。

船は時速十kmほどのゆっくりとした速度で川を下る。亜熱帯の気候だが、水面を渡る風は冷んやりとして心地よい。船室やデッキの上で周りの風景を楽しんだり、写真を撮ったり、我々も思い思いにのんびりした船旅を楽しむことができた。川の両側には数百mの高さの山々が垂直な絶壁となって迫ってくる。山々の形に同じものはなく、時には人面や動物を連想させるものもあって、「望夫岩《ぼうふせき》」や「仙人岩《せんにんいわ》」などの名前もつけられている。斜面が急

桂林の街並み

なこともあって植生は薄く、高木はほとんど見られない。石灰岩の露頭が剥き出しになっている所も多く、それが一層急峻な景観を醸し出している。川岸には草が生い茂り、時折水牛がのんびりそれを食べている。川魚を捕る漁師やアヒルの姿も見られ、この地が人々の暮らしの場であることも教えてくれる。昼食も終え、延々と続く風景もさすがに見飽きた頃、船は終点の陽朔《ヤンシュオ》に着いた。群がり来る土産物の押し売りをかき分けて駐車場へ向かい、バスに一時間ほど揺られて桂林の街に戻った。

あまりにも観光地化されて少々辟易《へきえき》する面もあるが、さすがにスケールの大きさには圧倒される。日本で似たような風景がこの十分の一でもあれば、大変な観光地になったであろう。灕江に流れ込む支流にも同様な風景が多数あると聞く。願わくばそれらの自然が手つかずのまま残されることを念じて止まない。

灕江下り

◆コラム◆　①強制モデルにご用心

終点の陽朔に着岸し、バスに向かっている時のことである。二羽の鵜《う》をのせた棒を背中に担いだ老人が、にわかに立ち上がってポーズをとった。絶好のシャッターチャンスとばかりに、近くの観光客が盛んにカメラのシャッターを押す。私も思わずカメラを構え、シャッターを切った。すると周囲にたむろしていた若者が五、六人、観光客に群がってくる。盛んに中国語で、何か言っている。どうやらモデル料を払えとわめいているらしい。「十元！　十元！」と実にしつこい。なんとか五元払って追い払ったが、当時外国人は「外貨《がいか》兌換券《だかんけん》」という割高のお金を使わされており、五元は約百六十円に相当する。日本の物価からすると安いものだが、中国ではうどんか炒飯が一皿食べられる。このような観光客目当ての「たかり」まがいの中国人には、旅行中常につきまとわれた。

陽朔の鵜飼い？

石林《シーリン》（中国・雲南省《ユンナン》）

石林は、中国・雲南省の省都昆明《クンミン》から南東へおよそ百㎞ほど移動した所にある景勝地で、ここも石灰岩からなるカルスト地形による景観である。ただしここは桂林と異なり、生成された時期が新しいためか岩山の削られ度合いが小さく、岩の先端は針のように鋭く尖《とが》り、林立する石の林のような景観となって「石林」という名がつけられた。

二〇〇六年八月に昆明をベースに周辺を探訪した中の一つとして、石林一日ツアーに参加した。この地も大変広く、総面積は四百平方㎞におよび、とても一日でまわれる範囲ではないので、代表的な見所である李子箐石林と呼ばれる地区の中心地、大石林景区を約三時間かけて歩いて巡った。

一つの石峰の高さは三十m前後で、先端はギザギザに尖ったものが多く、岩の表面は黒灰色のなめらかな岩肌をしている。ほとんどの岩が垂直にそびえているので、地面を歩いている間は上方に青空が小さく見えるだけであるが、所々に岩の頂上に行くための人工的な階段が設けられており、そこの展望台からは雄大な全貌を見渡すことができる。

岩の間には樹木が生えているが、林床はやや暗いので植被率は低い。構成樹種はマメ科のアカシア属やクワ科のイチジク属、他にクスノキ科などの高木があり、草本ではイラクサ科やトウダイグサ科が見られる。夏に日本の草地に繁茂するつる性のクズが覆《おお》っている場所もあった。日本の植生では石灰質の土壌にはシイやクリの仲間は生育しないと聞いていたが、確かにこの地でもそれらの樹木を目視することはなかった。

石林

このツアーの参加料金は往復のバス代のみで七十元（当時のレートで約千五十円）だったのに対して、石林の入場料はその倍の百四十元である。入り口付近には多数の土産物屋が並び賑わっている。このあたりに多い少数民族のイ族の民族衣装を着た女性が、一緒に写真を撮らせて稼ごうと多数待ち構えていた。土産物屋に化石のレプリカが売られているのには驚いた。この地は世界遺産への登録を申請していると聞いたが、石灰岩の表面に赤や白のペンキで大きく文字を書いてある岩を何カ所も目にした。これはいただけない。〈この地は、訪れた翌年の二〇〇七年に世界自然遺産に登録された〉

イ族の民族衣装を着たモデル

ハロン湾（ベトナム）

ベトナムの首都ハノイから東へ約百二十km、港湾都市ハイフォンの北側一帯を占めるハロン湾はトンキン湾に面したベトナムきっての景勝地で、一年中内外からの観光客を集めている。ここも桂林と同じく石灰岩の風化・浸食作用によってできた地形で、海に面していることから海水が流れ込み、海面から大小二千余りの奇岩が突き出している。

ハロン湾には一九九七年と二〇一一年の二回、いずれもハノイから一泊二日のオープンツアーで大勢の外国人と共に訪問した。三時間余りバスに揺られて桟橋に到着すると、早速五十tほどの平底船に乗り込みクルーズに出発する。船は、穏やかな海面を標高百～三百mほどの小島が林立する間を縫うようにゆっくりと進む。島の植生は、海水が間近にあることもあって桂林よりさらに乏しく、窪地や頂上に低木がまばらに生えているだけに過ぎない。石灰岩はアルカリ性が強いため酸性を好む植物は生育できず、それも植物相の単純化に影響している。途中鍾乳洞を見学したり、手こぎボートで海に面した洞窟を探検したりして、変化に富んだクルーズだ。二回目ではハロン湾東部にあるカットバ島に上陸した。この島は面積が三百五十平方㎞もあるこのあたりで最も大きな島で、全島石灰岩からできている。島の中心部は国立公園に指定され、亜熱帯の常緑樹の森林や鍾乳洞もあり、野生動物も多数生息するといわれている。しかし、片道約一時間のバスから見た風景は、道路周辺は農地や果樹園に利用され、高木は樹高十mほどのマツ類だけで、入り江のマングローブ林はその多くがエビの養殖場やリゾート建設によって破壊されているように見えた。ガイドブックには「手つかずの自然の宝庫」とあるが、今のままでは近い将来その看板を下ろさざるを得なくなるだろう。二日目も午前中は島々を巡るクルーズや入り江でのカヌー体験を楽しみ、昼頃にはもとの桟橋に上陸して再びバスでハノイに戻った。

ハロン湾

◆コラム◆　②路上の靴磨き

夕方ハノイの旧市街ホアンキエム湖近くの繁華街を歩いているとき、ショルダーバッグを担いだ若いお兄さんに靴を磨かないかと声をかけられた。確かに今日は郊外のツアーで靴も汚れが目立つ。二ドルでいいと言うので、ベトナムの物価を考えると多少高いかなとは思ったが、日本円に換算して百八十円ほどで綺麗になるならとお願いした。お兄さんはバッグから小汚いスリッパを出し、それに履き替えろと言う。椅子も何もない路上でスリッパに履き替えた私は、バッグからブラシやぼろ布を取り出して一生懸命靴を磨く彼の姿を眺めていた。やがて彼は針と糸を取り出すと、靴の先端部分のわずかなほころびを丁寧に縫い始めた。「珍しく真面目な靴磨き屋だな！　少しはチップをはずむか……」などと脳天気に構えていたが、十五分後、彼は満足そうに私に靴を渡しながら十ドルと言って手を差し出した。

「さっきは二ドルと言ったじゃないか！」といくら言っても埒《らち》があかない。ついには「自分には妻と小さな女の子がいて、生活もかかってるんだ」とお涙ちょうだいの話まで始める始末。十分ほど交渉してやっと五ドルで手を打つことになった。ドル札を手にした彼はにこにこ上機嫌になって、握手をして別れていった。アジアではたとえ事前に交渉して代金を決めていても、決して安心してはいけないということを再確認した。

靴磨きのお兄さん

タムコック（ベトナム）

首都ハノイから南に約百km、ニンビン省の省都ニンビンの郊外に、石灰岩のカルスト地形がある。「陸のハロン湾」

とも称されるこの地には、中国の桂林より規模は小さいものの、数十平方㎞にわたって奇岩・奇峰が連なっている。近くには十世紀から十一世紀にかけて誕生した北部ベトナム最初の丁王朝の都の跡があり、ハノイから一日ツアーの名所として格好の場所となっている。

観光の目玉は、奇岩地帯の間を縫うように流れる川を手こぎの舟で往復するもので、地元のおばちゃんたちが手や足でこぐ小さな舟に乗って、両岸に迫る奇岩の間をゆっくりと進んでいく。周囲に人家はなく、聞こえる物音はこぎ手同士の挨拶程度で、静かな流れの中で過ごす時間は何物にも代えがたいものがある。タムコックとはベトナム語で「三つの洞窟」を表すとかで、舟は途中三回ほど鍾乳石の垂れ下がった真っ暗な洞窟の中を進んだ。

私の乗った舟をこいでいたのは三十代位の女性だったが、妊娠七カ月ほどの大きなお腹を抱えており、他の舟にどんどん追い抜かれる。同乗した韓国人のカップルと私の三人で、交互に小さな櫂《かい》でこぐ手伝いをすることにした。帰り際、どの舟でも舟を河岸に寄せて押し売りが始まった。舟によって売る商品が異なるようで、私の舟ではテーブルクロスのオンパレード。もちろん粗悪品を高値で売ろうという魂胆が見え見えなので、全く買う気はなかったが、買わないと出発しそうにないので韓国人とも相談してチップも兼ねて購入した。私が購入したテーブルクロスは、直径一ｍほどの円形をした白地に刺繍のあるタイプで、それに小さなランチョンマットが五枚ついている。十ドルの言い値をやっと九ドル（日本円で約八百円）にしか負けられなかったが、帰国してから妻にいくらしたと思うか聞いてみると、千五百円との答えが返ってきたのでまあ良しとしよう。観光地での押し売りは中国や東南アジアではごく普通のことですっかり慣れてしまったが、舟のおばちゃん押し売りはかなりしつこかった。

さて川下りである。川の水深はかなり浅いようで、舟の上から見る限り一m内外であろう。水中にはフサモの仲間であろうか？　水草がびっしり生い茂り、石灰岩によって濾されたためかなり澄んだ水である。河岸にはヨシやガマ、タデの仲間が生い茂っているが、景観をよく見通せるよう上部を刈り取った跡が見られる。全く人が住んでいないわけでもないようで、何カ所かで網で囲った中に数十羽のアヒルが放し飼いされていた。また、奇岩の中腹に数頭のヤギの群れも見かけた。野生かどうかはわからない。

手こぎ（足こぎ）ボート

とにかく往復二時間余りのボートトリップは、昼食込み三十二ドルのツアー料金を決して高いと感じさせない価値がある。現在は国立公園などの指定は受けていないと聞いたが、今後観光客が増加することも予想されるので、早いうちに指定して保護の網をかけた方が良いのではないかと思われる。

エレファント・ビレッジとセーの滝
（ラオス・ルアンパバーン郊外）

二〇一〇年八月、ラオス中部にあるユネスコの世界文化遺産に登録されたルアンパバーンを訪れた。ルアンパバーンは人口五万人ほどの小さな町だが、十四世紀にラオス王国の前身となるラーンサーン王国の都が置かれた古都である。山間にあって交通が不便なこともあり、長い間外界と交流がなく、今でも古い仏教の伝統が残っている。

ここで紹介したいのは、信号が一つもないのどかな町の様子ではなく、町から北へ車でおよそ一時間の距離にあるエレファント・ビレッジと呼ばれる場所である。そこでは象乗り体験ができると聞いていたので、滞在三日間のうちの一日をそれに当てる予定でいた。しかしそこへのオープンツアーはなく、仕方がないので運転手付きの車を半日チャーターして行くことにした。チャーター代は三十五ドル。高い！

ルアンパバーンから山間の道を約二十kmほど行った所に、観光客を相手にする小さな村がある。車を降りて船外機付きのボートに乗り換え、メコン川の支流をしばらく遡るとそのビレッジに到着する。象乗り体験では、アジアゾウの背に括《くく》り付けられた木製の椅子に乗って、森の中をゆっくりと進む。象使いが象の頭の上にいて、声と両足で盛んに指示を出している。森は樹高十mほどの二次林でたいしたこともなく、以前タイのチェンマイ郊外で体験した象乗りに比べると拍子抜けするほどあっけないものであった。ただ一カ所、小さな川に象ごと入った時、この川の水が

アジアゾウに乗る

石灰質の岩棚と樹木

石灰分を多量に含んでいることに気がついた。

　川は幅三十mほどの清流で先ほどのメコン川支流に流れ込んでいるが、所々に白い石灰質の岩棚ができている。ちょうど中国の「黄龍」やトルコの「パムッカレ」（どちらも行ったことはないが、世界遺産）のミニチュア版といった感じである。岩棚の上に生えた樹木は、種子が石灰質に取り込まれ、発芽・成長したものといわれる。少し上流には「セーの滝」と呼ばれる落差十mほどの滝もあり、十数人の欧米人観光客が水着で遊んでいた。硬質の水は透き通っていて水質も良さそうである。周囲は木立に覆われた山々で石灰岩の奇岩・奇峰は見えないが、川の岩棚が石灰岩の存在を物語っていた。

凝灰岩《ぎょうかいがん》の奇岩・奇峰

凝灰岩とは、火山活動で噴出した火山灰や火砕流によって堆積した噴出物が、長時間に及ぶ圧力で固められ石になったものである。堆積年数が長いほど硬度は増すが、雨水などで風化・浸食されやすく、石灰岩同様特異な地形を生み出す。鹿児島県でも、過去のカルデラ噴火で流出した火砕流による溶結凝灰岩《ようけつぎょうかいがん》を各地で観察することができる。

カッパドキア（トルコ）

アジアの西端、トルコのある小アジア半島の東部に広がるアナトリア高原のほぼ中央部を占めるカッパドキア地方は、キノコ状の岩峰に代表される不思議な景観が見られる地域である。ここは数億年前にエルジエス火山の大規模な噴火によって、火山灰と溶岩が数百ｍ余り積み重なった後、長い年月に及ぶ圧力で凝灰岩と溶岩が交互に重なり合った層ができた。その後風雨による浸食が進み、今では硬い溶岩の部分だけが残されて不思議な形状をした奇峰ができたと考えられている。また凝灰岩は柔らかく削りやすいこともあって、この地域に住む人々は、四世紀頃から岩峰の中を掘って住居や教会を造り利用してきた。現在でもこれらの人工的な洞窟を利用した住居が残り、地下都市跡や洞窟教会の跡もあって、ユネスコの世界複合遺産に登録されている。

二〇〇九年の八月、イスタンブールから夜行バスでカッパドキアの中心にあるギョレメ村に到着し、洞窟様式のミニホテルにチェックインした。ギョレメ村の周囲はことごとく奇岩・奇峰に囲まれ、歩いてこの地の景観を満喫できる所である。

きのこ岩

最初に「ギョレメ野外博物館」と呼ばれる場所を訪問する。ここは十二〜十三世紀に造られた岩窟教会の跡で、三十以上の洞窟内に十字架やキリストのフレスコ画などが残されている。翌日は、ツアーバスを利用してギョレメ・パノラマと呼ばれる絶景を訪問した。白いなめらかな岩肌の奇岩が波打つように広がっており、浸食によって凝灰岩が次第に削られキノコ状の奇峰に変化していく様子がよくわかる。「尖った砦」という意味のウチヒサルは、巨大な岩峰の内部をくり抜いて造られた城砦のような構造物で、内部に入ることもできる。岩の表面には数多くの穴が開いており、これは鳩の巣として利用された人工的なものである。鳩を住まわせ、その糞を畑地の肥料として利用してきたのだという。巣の入り口は、鳩が赤い色を好むのでわざわざ赤い染料で塗ったそうだ。

岩窟教会のフレスコ画

時間の都合で地下都市跡までは見学できなかったが、カッパドキアの景観は十分楽しむことができた。なおこの地方は標高が千m前後もあって、気温は夏でもそれほど高くならない。ホテルの部屋にエアコンはなかったが、窓を開けると涼しい風が頬をなで、朝晩は寒さを感じるほどである。また地中海性気候下にあるこの地域は、夏はほとんど雨が降らず、非常に乾燥している。周囲に森は全くなく、高木は人為的に植栽されたポプラやカシの仲間だけである。火山性土壌で乾燥した土地での農

ギョレメ・パノラマ

業は難しいのであろう。耕地はほとんど見られず、放牧された羊や山羊などの家畜とわずかな果樹園（ブドウ園）が認められるだけだった。

酸化鉄を含む山

火焔山《フォーイエンシャン》（中国・新疆《シンチアン》ウイグル自治区）

中国の北西部、中央アジアの真ん中に新疆ウイグル自治区がある。その区都ウルムチは人口百万人を超える大都市で、アジア中央部の中心都市の一つでもある。一九九五年七月末、福岡・上海《シャンハイ》を経て空路ウルムチに入った後、観光は後にして砂漠のオアシス都市トルファンに向かう長距離バスに飛び乗った。製造後五十年は経っているのではと思わせる旧式の小型バスは、屋根にまで大量の荷物を括り付け、定員超過になるまで待って一時間遅れでターミナルを出発した。

バスの乗客は地元のウイグル人や漢人が半数で、残りは観光客と思われる欧米人やアジア人である。むろん座席指定などはなく、座った者の勝ちとばかりに乗客は自分の席を確保している。座席は薄いビニールカバーが残っているだけでクッションはない。補助席もとうになくなってしまい、通路に板を渡してそこにも座らせる。乗客と荷物で車内は身動きもできない状態で砂漠の中を走り出した。「この状態でトルファンまでの五、六時間、体がもつだろうか？」。一抹《いちまつ》の不安を抱きながらも、車窓ごしに眺める乾燥地帯の風景が目にしみる。一時間も走った頃から次第に尻が痛くなってきた。前の座席との間は最小限の間隔しかなく、おまけに自分のザックを足下に置いているので足を動かすこともできない。しかも暑い。当然ながらエアコンはない。窓を開けようにも硬くさび付いてびくともしない。天井の空気入れからかろうじて乾いた風が入ってくる。しかし他の席の開いた窓からは、猛烈な砂埃が入り込んでいたので閉じた状態でよかったのかもしれない。

砂漠を走る長距離バス

やがて道は下り始めた。ウルムチの標高は海抜八百m。目的地のトルファンは海抜マイナス二百m。トルファン盆地の一番下まで千mほど下ることになる。進むほどに道路状態は悪くなり、時折タイヤが穴ぼこに入り込んで体が浮き上がり、クッションのない座席に尻から落ちて苦痛のうめき声が漏れる。二時間ほど走ってようやく一回目のトイレ休憩となった。

中国の田舎のトイレにはいつも苦労する。ここも期待を裏切らなかった。男女別は当然だが、家畜小屋のような直方体の泥煉瓦造りの建物に一歩入ると、天井付近に灯り取りの小窓が開いているだけの暗い部屋。真ん中の通路をはさんで片側に小便用の溝が壁際に沿って走る。反対側は長さ三十㎝、幅十五㎝ほどの長方形の穴が一mおきに開いており、それが大便用。仕切りも壁も戸も一切ない。奥の方に誰かしゃがんでいる人影がぼんやり見えたが、なるべくそちらは見ないようにして慌ただしく用を足した。

二十分ほど休憩して再びバスは走り出した。座席は最初のまんま。休憩中に勝手に席を奪うような不届き者はいない。やがて車窓の左手に大きな山塊が見え始めた。標高は三百~五百mほどだろうか。奥の方にはもっと高い山も見える。草木は一本も生えていないが、雨裂《うれつ》と思われる深い縦縞が無数に走っている。しかし最も大きな特徴は「山が赤い」ことである。夕日を浴びて赤いのではない。元々赤いのである。これがかの有名な火焔山だ。

火焔山は、孫悟空が活躍することで有名な「西遊記」にも登場する。三蔵法師の一行は燃えさかる火焔山に行く手を阻まれるが、孫悟空が鉄扇公主と戦って手に入れた「芭蕉扇」でその火を消して通ることができた、というものである。

火焔山はトルファン盆地の北側に東西百㎞、南北十㎞にわたって連なっている。山肌が赤いのは、岩石に含まれる鉄が酸化した酸化鉄のためである。しかしここは夏の昼間の気温が四十度を超える場所。赤い岩が燃えているように見えてもやむを得まい。この後、バスがトルファンに到着してからも、火焔山はずっと北側に見え続け、赤色だけでなく時刻に合わせてさまざまな色合いを見せてくれた。

実はトルファンに到着する前、ちょっとしたアクシデントがあった。ウルムチを出て六時間余り、そろそろトルファンに到着する頃だと思い始めた時、バスはとある町外れのガソリンスタンドで停まった。給油を始め、何人かの乗客も降りている。トルファンには大きなバスターミナルがあると聞いていたので、バスはてっきりそこまで行くと思い込んでいた私は不安に思いながらも降りないでいた。やがて給油を終えたバスは出発し、再び砂漠の道を走り始めた。「おかしい？　もしかして、さっきの場所がトルファンだったのか。しかし、停留所の印も何もなかったぞ」。このバスはさらに数百km先のハミという町まで行くはずである。このまま乗っていたら、ハミまで行くことになるかもしれない。意を決した私は、夢中でバスの天井をがんがん叩き、大声で「トルファン！　トルファン！　ストップ！　ストップ！」とわめいた。驚いた運転手はバスを路肩に止め、私は急いでザックを持って降りたのである。

　東の彼方へ去っていくバスを見送った私は、気を取り直してザックを担ぎ、元来た道を戻り始めた。トルファンを出てから時間にして十分ほど、しかしバスは猛スピードで走っていたから十kmは過ぎたかもしれない。猛暑と砂埃の中、たまに走り去る車をぼんやり眺めながらしばらく歩いていたが、「ここはヒッチハイク

火焔山

しかない！」と気づき、後ろを見ながら親指を立てて、ヒッチハイクの真似を練習しつつ歩くこと十五分。二、三台の車が猛然と通りすぎた後、ついに一台の大型トラックが私の合図に気づいて停まってくれたのである。中年のウイグル人が運転するそのトラックは、私をトルファンの中心部まで連れて行ってくれ、私は無事に安ホテルにチェックインすることができた。降りる際、運転手にいくばくかの現金を渡そうとしたが、彼は決して受け取ろうとしなかった。

火山地形

二〇〇八年八月、鹿児島空港からソウル・仁川《インチョン》空港を経由して済州島《チェジュド》に渡った。その前年、この地の火山地形が世界自然遺産に登録されたと聞き、訪れてみたくなったのである。北部の済州市にベースを置き、適当なツアーがなかったので運転手付きの車を半日チャーターして目的地を巡った。

城山日出峰《ソンサンイルチュルボン》（韓国・済州島）

城山日出峰は島の東端にある寄生火山の一つで、約五千年前に水深の浅い海底で起きた爆発により噴出した火山灰が積もって形成された火山灰丘である。標高は二百m余りで、きれいな円錐形をした火山の直径は一㎞程あり、麓から急な壁面をジグザグに登ると約四十分で峰の頂

城山日出峰

上にたどり着く。火口内部は緑の草原となっているが、内壁の斜面は低木林でマツやカシ類、クスノキ科の樹木が生い茂っている。草原の状態は不明だが、おそらく低木類とイネ科の丈の高い草本類が藪《やぶ》状に繁茂していると思われる。

万丈窟《マンジャングル》（韓国・済州島）

済州島の中央にある韓国最高峰の漢拏山《ハルラサン》は、標高千九百五十mの典型的な盾状火山である。溶岩の粘り気は小さく、速い速度で流れ下る。溶岩の流出が止まると、大気にさらされる表面は急速に冷えて固まるが、高温の内部は流れ続けている。このようにしてできたものが溶岩トンネルで、済州島には百二十を超える洞窟がある。

訪れた万丈窟は、それら溶岩洞窟の中でも最長の十三㎞におよび、そのうち約一㎞が一般に開放されて中を歩くことができる。内部はほぼ円筒状で、直径は狭い部分で五、六m、広い所では十m以上にもなり、地面はほぼ水平で歩きやすい。所々丸

万丈窟入り口

い溶岩の固まりがころがり、巨大な石柱などもあって造形の不思議を感じ取ることができる。

大浦海岸《テポヘアン》の柱状節理（韓国・済州島）

島の南部、中文の街の東側一帯の海岸は、高さ四十〜五十ｍにおよぶ六角形の巨大な柱が数百ｍにわたって並んでいる。これはおよそ五十万年前に地中のマグマが地上に湧出した際に結晶化し、荒波や風による風化・浸食を受けて柱状になったものである。日本国内でもこのような柱状節理を見ることができるが、済州島のものは規模が大きい。

柱状節理

どの景勝地も韓国で最初の世界自然遺産ということもあって内外から多くの観光客が訪れ混雑していたが、中国や東南アジアと異なって押し売りもおらず、静かな環境で景観を楽しむことができた。漢拏山へも登頂してみたかったが、日帰りは不可能で、正式なガイドが同行しないと難しいと言われ断念した。

雄大な景色を眺めていると、日常の細々した出来事がなんと小さなことかと思えてくるから不思議だ。これらの景観がつくり出されるのにかかった時間は、我々人間の一生に比べると実に長い。数千万年、いや数億年の時間の経過の中に身を置くことで、日頃のストレスや憂さがきれいに拭い払われていく。アジアの奇岩や奇峰。まだほんのいくつかしか訪れていないが、狭い日本と異なり、その規模は大きい。日本であれば、ごく一部だけでも立派な景勝地として多くの観光客が集まる場所になるだろう。アジアにはまだまだ数多くの奇岩や奇峰と呼ばれる所があるという。機会があれば、そんな悠久の時間の中に身を浸していたいものである。

第二章　熱帯林と乾燥地帯

北半球の中緯度域に位置する日本列島は北東から南西に約三千㎞の長さに及び、気候的にも高山帯（寒帯）から亜熱帯に至る幅広い要素を占め、多様な生物が生息している。しかしこのような日本列島でも、熱帯林やステップのような乾燥草原はもちろん、純粋な砂漠も見ることはできない。

この章では、一九九〇年以来訪れているアジア各地の自然の中で、日本では見ることのできない熱帯林や乾燥地帯のバイオーム（植物群系）について述べるとともに、旅の途中で体験した様々な出来事にも触れる。また日本ではなかなか体験できない、動物の背に揺られて自然に触れる試みも紹介したい。

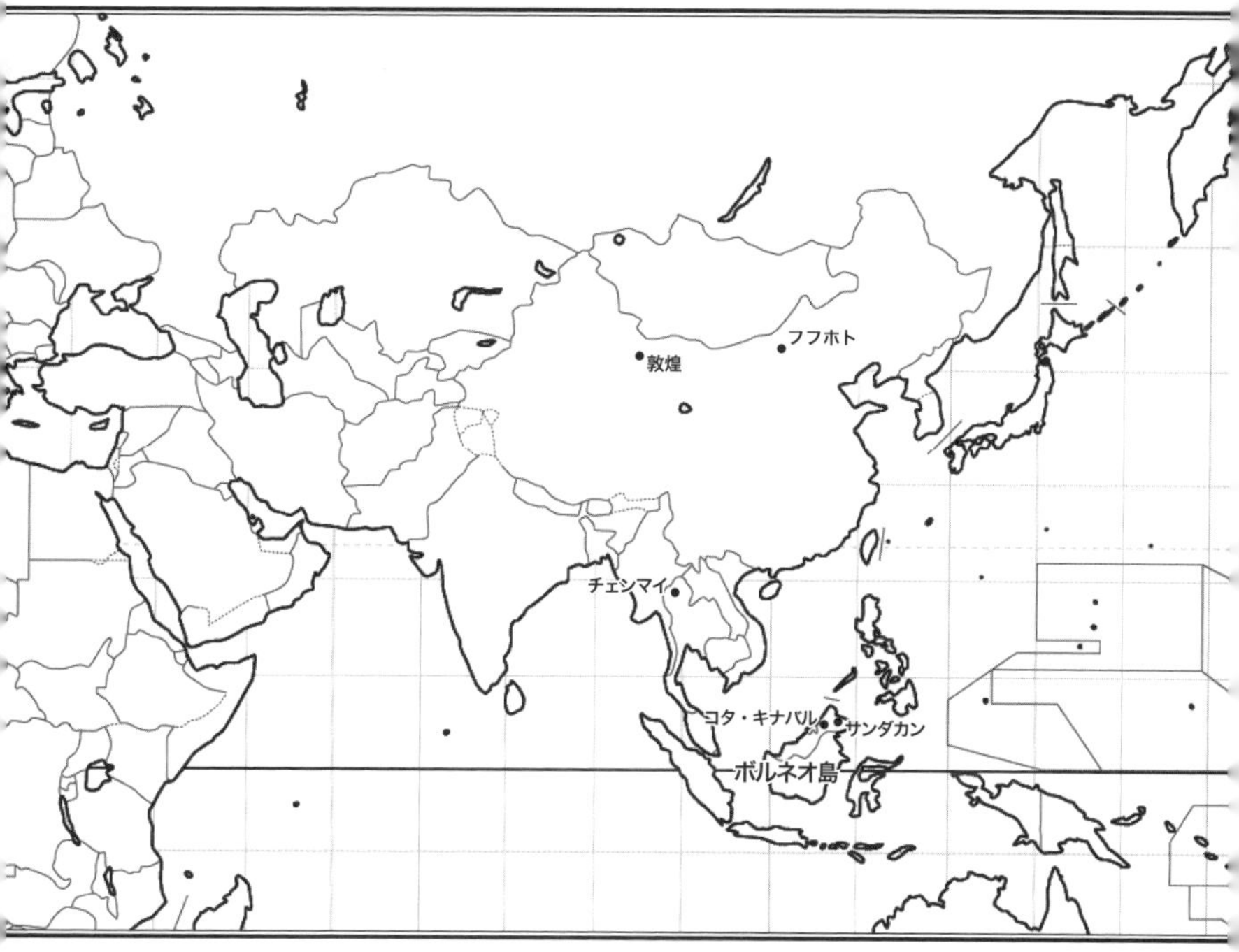
フフホト
敦煌
チェンマイ
コタ・キナバル
サンダカン
ボルネオ島

熱帯林

高温多湿の気候に発達する熱帯林は、種の多様性が豊かで遺伝子の宝庫といわれ、一カ所で同じ種類の植物を見つけるのが難しいといわれるほど、多くの植物種に恵まれている。しかし、焼畑農業や森林資源の搾取などで、世界の熱帯林は減少の一途をたどり、特に東南アジアの熱帯林の損耗は激しく、インドネシアやマレーシアなどの島嶼《とうしょ》部にごくわずかに残されているに過ぎない。

サンダカン郊外の熱帯雨林（マレーシア・サバ州、ボルネオ島北東部）

二〇〇三（平成十五）年の九月初旬、成田空港からマレーシア・サバ州の州都コタ・キナバルに降り立った。この年の冬から春にかけて、東南アジア諸国は「ＳＡＲＳ（新型肺炎）」の嵐が吹き荒れ、観光客の姿がようやく戻りつつある時期の訪問となった。ボルネオ島は世界で三番目に大きな島で、面積は日本の二倍もある。マレーシア領はそのうちの北部三分の一を占め、北側のサバ州と西側のサラワク州とからなる。コタ・キナバルは人口五十万人を超える中都市で、中心部はよく整備された近代的な都市の一面を見せる一方、海岸寄りや周辺部には昔ながらの煩雑な区域も見られる。この旅ではコタ・キナバルにベースを置いてそこから多方面へのエコツアーをアレンジし、ボルネオの自然を満喫することにした。

コタ・キナバルから国内線の飛行機で約一時間、スールー海に面した島の最北東部にあるサバ州第二の街がサンダカンである。サンダカンは、昔からアジアと欧州を結ぶ交易地として栄え、太平洋戦争中は旧日本軍の占領下にあった所としても知られている。

サンダカンの街から車で約一時間ほど内陸に入った場所に、「セピロック・オランウータン保護区」がある。ここにはオランウータンのリハビリ施設も併設され、人間にペットとして飼われていたり、森林伐採で母親を亡くしたり生き別れになったりして保護された子どものオランウータンを育てている。さらに成長した個体を森に帰すために、多くのボランティアと共にトレーニングが行われている。周囲の森はオランウータン保護のためかなりの面積が自然のままに維持されており、ボルネオ島でも数少ない原生的な熱帯雨林を観察できる場所である。

熱帯林の高木

車を降りて散策コースを歩き始める。森林内には木道が設置され、そこを外れて歩くことは禁止されている。地面は起伏に富んでいるが、木道は階段状になったり沢筋の上を橋のように渡したりして歩きやすい。地元のガイドが森で最も怖いのは毒ヘビや毒虫ではなく、「アリ」だと言う。種類によっては行列をなして歩くアリの群れを遮ると、体に這い上ってきて至る所に噛みつくのだそうだ。以前観た映画『インディ・ジョーンズ』を思い出してぞっとした。きれいな草花の誘惑も我慢して、ツアー客の後ろをひたすらついて歩く。

さすがに森は大きい。高木層は樹高四十～五十mで天蓋を被い、連続した林冠を形成している。日本の原生的な照葉樹林でも二十～三十mがせいぜいであるから、それよりさらに十五mは高い。照葉樹林では高木層の下に亜高木層、低木層、草本層とはっきりした階層構造が見られるが、ここの熱帯林ではそれらの層がはっきりしない。さらに高木層の上に所々樹高が六十mを超える樹木が生えている。これらの最高木は連続した林冠を形成しているわけではないが、あちらこちらで突出している。またこれらの樹木の太さは樹高の割に細い。照葉樹の胸高直径は樹高二十～二十五m、樹齢が三百年ほどになると一・五m位あるが、ここの樹木は高さ五十m以上もありながら一m前後しかない。細長い串のような樹木を想像したらいいと思う。枝葉は上の方にあるだけで、下方から中位部にかけてはほとんど枝分かれもせず真っ直ぐ伸びている。

板根

熱帯の土壌は高温で有機物の分解が速いため、栄養分の含まれる有機質層が薄く、根は真下に向かわず横方向に伸びる。高い地上部を支えるため、幹の下方は細長く板のように広がって根につながっている。この板のような根を「板根」と呼び、ほとんどの高木がこの板根を形成していた。日本でも奄美から琉球の森で、オキナワウラジロガシやサキシマスオウノキなど、板根を形成した樹木を見ることができる。

木道上を三十分ほど散策した後、目指すオランウータンのリハビリ施設に到着した。観光客は施設内には入れないが、施設のそばには遊具を備えた運動場があり、係員に付き添われた子どものオランウータンが数頭遊んでいる様子を観察できる。つぶらな瞳に愛嬌ある顔立ちの彼らは実に可愛い。さらに施設から少し離れた場所には、オランウータン用の餌場も設けられている。若い個体は、離れた森へ帰す前に、施設周辺の森で単独生活の訓練をさせている。いきなりすべての餌を自身で探させるのは難しいので、一日に一回は給餌し、残りは森で自然の餌を探させるようにしているとのことである。偶然にもその給餌タイムに居合わせ、観察することができた。樹木の中程に床を作り、その上に係員がバナナや芋類などをまく。最初は野生のブタオザルやカニクイザルが失敬して係員に追い払われたりしているが、やがて一頭の若い雄がやってきた。餌場に行き着くまでに我々の前に張られた十五mほどのロープを伝っていくようになっており、長い手足を精一杯伸ばしてロープ伝いをしながら進むオランウータンを間近に見ることができた。座り込んでさもうまそうにバナナをほおばる姿を見ながら、彼が

セピロック保護区の若い雄

早く野生に復帰し、配偶者を得て子孫を残してくれることを願わずにはいられない。

絶滅危惧種に指定されているオランウータン。現在も世界中の動物園で飼育されているが、そのほとんどが園内外で繁殖した個体である。生息地のあるマレーシアもインドネシアも捕獲や輸出は禁じているが、今でも密猟は絶えないと聞く。オランウータンとは、現地語で「森の人」という意味。生息場所である豊かな熱帯林がなくなりつつある今、人に最も近い仲間である類人猿オランウータンの未来に幸多かれと祈りたい。

二〇一五年の夏、再びコタ・キナバルを訪れた。十二年前に体験したボルネオの自然にもう一度触れたくなったのである。今回もコタ・キナバルにベースを置き、エコツアーを利用して郊外の自然を満喫した。

キナバル山遠望

そのうち、ここではキナバル山を紹介する。キナバル山は東南アジアの最高峰で標高は四千九十五m。周辺の七万haに及ぶ広大なエリアはキナバル公園として整備され、世界自然遺産にも登録されている。コタ・キナバルから車で三時間ほどで麓の公園本部に到着する。ここの標高は約千六百m。熱帯とは思えないほど涼しい。頂上に向かう登山口もここにあり、途中で一泊して二日間で山頂まで往復できるという。しかし前年に発生した地震で登山道は崩壊し、登頂禁止となっていた。付近の展望台から眺める独

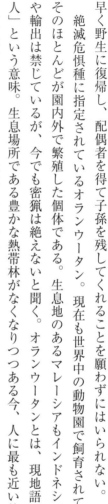

立峰のキナバル山の勇姿はすばらしい。山頂には万年雪が残っているはずだったが、近年の温暖化の影響でほとんど見られなくなったそうだ。

公園周辺には、山岳植物園やポーリン温泉などの施設もある。アジアの温泉は珍しいので体験してみた。脱衣所で水着に着替えて露天の温泉場に行く。平日だったせいか客は少なく、円形をしたプールのような浴場に入ったり、直径一mほどの個人用浴槽に湯を溜めて入る。湯温は低く湯量も少ない。また水質も硫黄臭さはほとんど感じられず、日本に比べると温泉としての満足度はかなり低かった。

ポーリン温泉

温泉でリラックスした後、世界最大の花ラフレシアを見に行った。大きい個体は花の直径が一mにもなるというラフレシアは、民家の庭先の薄暗い林内に咲いていた。とはいえこの個体、どこかの山中から蕾を採取して移植したものだ。直径は五十㎝ほどでまだ小さい個体だったが、花色はなんとも毒々しい。悪臭でハエをおびき寄せ受粉させせると聞いていたので、鼻を近づ

ラフレシア（花）

けて臭いを嗅いでみたが、まだ開花したばかりなのか、悪臭は感じ取れなかった。周りには暗黒色の蕾が多数植えられている。開花時期には多少の幅があるのだろう。それにしても見学料一回二十五リンギット（日本円で約九百円）の別料金は高過ぎる。

チェンマイ郊外の山間部（タイ）

一九九二（平成四）年の八月、タイの首都バンコクから夜行列車で北部の中心都市チェンマイに入った。高校生の頃、主に日本向けの木材の集積地として発展した都市として学習したチェンマイだが、今はその面影はなく、タイ北部の古都として観光に力をおいた街に変貌している。

チェンマイでは、周辺の山岳地帯を訪ねる一日ツアーに参加した。メンバーは同行の日本人三人とオランダ人のカップルの計五人である。ホテルに迎えに来た車は普通の小型トラックの荷台に簡素なベンチを置き、幌《ほろ》を張っただけのもの。経験のないトラックの荷台ということで、物珍しさも手伝って、市内の舗装道路を走っている分は幌の隙間から周囲の景色を眺めたりしていたが、道が山間部にさしかかり、舗装のないでこぼこ道になってくると大変だ。車輪が凹みにはまるたびに、車は大きくバウンドしてお尻から硬いベンチに落ちることが繰り返される。必死に荷台の手すりや鉄枠にしがみついて体の揺れを最小限に抑えようとするが、そんな状態が一時間も続くと、尻だけでなく腕や足までしびれてくる。「もう止めてくれ！」と叫び出したくなる頃、ようやくトラックは山間部の集落に到着した。

車を降りて山道をしばらく歩く。この辺りは標高がやや高いので、バンコクはもちろんチェンマイよりも気温は低く、冷んやりしている。しかし雨が多いせいか湿度は高く、少し歩くだけで汗が噴き出してきた。周囲の山々はなだらかな丘陵地帯という感じで、樹木に覆われている所の多くは背の低い二次林で、他は焼畑による耕作地である。焼畑は、植え付けが終わったばかりで作物はまだ小さく、栽培されている作物の種類までは分からなかったが、おそらくトウモロコシかアワやヒエのような雑穀であろう。畑の所々には焼け焦げた樹木の幹や根が残り、植え付けも実に粗放的である。一体どれだけの収穫が見込めるのか疑問だが、自分達が食べられるだけの収量があれば良いのかもしれない。

トラックの荷台から

このツアーの最中、チェンマイ北西部の山間部を移動したが、豊かな森を見かける機会はついになかった。本来ならラワンやチーク材の原料となる雨緑樹林があるはずの地域である。過去

焼畑耕作地

この象に乗りました

に徹底的に伐採し尽くしたのだろう。むろん焼畑農業の影響も多大なはずである。この後もベトナム、カンボジア、ラオス、ミャンマー（都市部のみ）とインドシナ半島の国々を訪問したが、豊かな森は国立公園などごく限られた地域にわずかな面積でしか残されていないものと思われ、残念でならない。

　このツアーの呼び物の一つが、「アジアゾウの背に乗って野や川を歩き回る」ことにある。久しぶりの客ということか、我々が到着するや象使いの若者達は象を川に入れて洗い始めた。五人の客はそれぞれ三頭の象に分かれて乗り込む。象の背中には木の枠で作られた座席が括り付けられ、安心して乗っていられる。象使いの若者は頭の上に直接座り、掛け声と両足で耳の後ろを巧みに刺激して指示を出している。象は指示に従って道なき道をゆっくりと進む。低木や藪はかまわず踏みつぶしていき、川の中にもジャブジャブと入っていく。座席の位置が高いので、毒ヘビやアリの心配もなく極めて快適だ。時々頭の周りを低木の枝葉がかすめるので、顔にぶつからないよう気をつけながら周囲の景色を眺め

象に乗っていると川も平気

た。一時間ほど経った頃、象も行脚に飽きてきたのか、象使いの指示を無視して木の葉を食べ始めた。それで象乗り体験は終了。ご褒美にバナナやサトウキビをもらった象はうれしそうにほおばっていた。

象乗り体験終了後、再びトラックで移動する。今度は竹製のいかだで熱帯の川を下るというメニュー。いかだは長さ七、八ｍのモウソウチクに似た竹（バンブー）を十本ほど紐で括っただけの簡単なもので、こちらも地元の若者がガイドとして先頭に陣取る。我々も長さ二ｍほどの細い竹を渡され、それでバランスをとりながら濁った川を下る。時々流れの速い場所もあってスリル満点。私の後方にいたオランダ人の青年は途中バランスを崩して濁った川に落ちてしまい、慌てて皆で引っ張り上げた。川はラテライト系の赤土を含んでいるので茶色に濁っているが、汚染されているわけではない。こちらもたっぷり一時間。足の皮膚がふやけてきた頃、ようやく終点にたどり着いた。

同行したオランダ人

竹のいかだで川下り

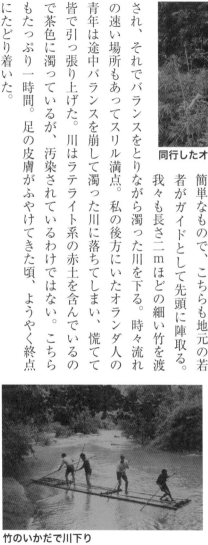

乾燥地帯

フフホト郊外のステップ（中国・内モンゴル自治区）

二〇〇二（平成十四）年の七月初旬、福岡空港から北京《ペイジン》を経て内モンゴル自治区の区都フフホトに入った。フフホトは大草原が広がるモンゴル平原の南の玄関口にあたり、人口は当時およそ百五十万人の大都市だ。モンゴル族を初めとする多くの少数民族が暮らす街でもある。市内は広い通りが東西南北に規則正しく走り、アカシアやポプラなどの街路樹が数多く植えられたきれいな街並みである。

ここではフフホトから一泊二日の大草原ツアーに参加した。メンバーは客が中年の中国人男性二人と私の計三人、それに現地スタッフとして若いモンゴル人の女性ガイドと男性ドライバー、さらにお目付役だろうか、サングラスをした曰くありげな顔つきの漢人男性も乗っている。ツアーの費用は二日間で五百元（当時のレートで約七千円）。交通費、宿泊費、食費、ガイド料、現地での料金もすべて含まれ、さらに二日目のフフホト市内観光もついているという。中国の物価を考えると決して安いとはいえないが、外国人料金として受け入れざるを得ない。

六人を乗せたワゴン車は一路フフホトの北にある宿泊ツアー用草原キャンプに向けて出発する。市内を出ると、そこはもう見渡す限り地平線まで遮るものもない緑の大草原。なだらかな起伏が連なる草原を、一本の舗装道路がどこまでも続いている。

　中央アジアの草原地帯をステップと呼ぶ。この地名が温帯から亜寒帯域の乾燥した草原地帯を指すバイオーム名ともなっている。ちなみに北アメリカでは、このような草原はプレーリー。内モンゴルの草原はゴビ砂漠の周辺部にあたり、砂漠よりわずかに降水量が多いため、五月から九月頃まで丈の短い草原となる。樹木は人が植栽して管理したものか、窪地や沢筋にわずかに灌木状の低木が生えているに過ぎない。草原の旅は七月が最も良い季節と聞いて、思い切って七月に決行したのは正解だったようだ。この地域の年間降水量は、三百～四百㎜程度。そのほとんどが五、六月に降り、植物の芽吹きを促す。短い夏の間に成長し花を咲かせて結実した草は、八月以降の乾燥と気温の低下も加わって九月末には一面の枯れ草となり、十月末には雪が降り出す。降雪量はごくわずかでほんの数㎝積もった雪は、氷点下のもと翌年三月まで溶けることはない。四、五月頃にはゴビ砂漠から吹いてくる砂嵐に襲われることもあり、六月に春と夏が同時にやってきてやっと過ごしやすい季節を迎える。この旅行中雨に降られることはなかったが（乾燥地ということで傘も持たなかった）、数日前までに降ったのであろう。市内や郊外にはあちらこちらで水たまりがあり、時には湿地のようになっていた。

　舗装道を三時間、約百二十㎞ほど北へ進んだ所に目指すツアーキャンプがあった。そこには宿泊用パオが五十棟ほど並び、管理用の建物の他にトイレ用・シャワー用のテント、食堂が並んでいる。簡単な昼食後早速モンゴル相撲の鑑賞があり、続いてお待ちかねの「乗馬で草原を

モンゴル相撲

行く」時間となる。

このツアーのハイライトは何と言っても乗馬体験である。我々三人の客にもそれぞれ一頭ずつ馬が与えられる。この馬はモンゴル馬でサラブレッドなどに比べると幾分小さい。それでも馬上からは普段より一ｍほど高い位置から周囲を眺めることになるので、違う視点で景色を楽しむことができる。

ガイドのモンゴル人男性の指示で、馬たちはゆっくりと歩き始めた。馬は我々客のことなど露ほども意識していないのだろう。試しに手綱を左右に引っ張ってみるが、馬は意に介することなく前の馬の後をついて歩く。突然ガイドが何か声を発した！と思う間もなく、馬は軽やかに早足で走り始めた。振り落とされないよう必死で手綱を握りしめる。馬の動きで体は上下に大きく揺れる。そのたびに尻から鞍の上に落ちることになる。「痛い！」尻が痛いのである。鞍は木製の頑丈なもので硬い。その上に何度も落ちるのだから、鍛えていない尻の肉が耐えられるはずがない。一、二分後、再びガイドの掛け声で馬は並足に戻った。ほっとしてまた周りの風景を楽しみつつのんびり進む。再び掛け声、早足、痛い！　一時間後、「もう早足は止めてくれと頼もうか」と思い始めた頃、やっと休憩地点の小屋に到着した。

簡素なドアのないトイレで小用を済ませ、小屋の中でモンゴル族のおばさんからバター茶をいただく。紅茶のような発酵茶に羊の乳から作ったバターがたっぷり入っている。好みに合わせて砂糖を入れる。現地の人はこの砂糖をたっぷり入れるようだ。茶の香りで乳臭さは消え、とても美味しい。一緒に供された砂糖菓子とともに三十分ほど休憩。お尻の痛みもようやく消えかけた頃、再び馬に乗って帰路に就く。帰りは来た道とは違う経路だ。彼らも考えてコースを決めているらしい。もう早足は止めてほしかったが、ガイドはサービスのつもりなのかやっぱり一定時間ごとに早足の掛け声をかけ続けた。

出発して二時間半後、やっと乗馬が終わった。我々ツアー客は皆、尻をなでながら馬を降りた。乗馬ツアーのメニューには、一泊二日で途中キャンプをしながら草原を行くというものもあると聞いたが、「とてももたないな」というのが偽らざる感想である。

乗馬体験

夕食に出された食事は典型的なモンゴル料理。具の入っていない饅頭以外はほとんど羊のオンパレード。羊肉の串焼きに羊肉とジャガイモなどの野菜の煮込み、羊の腸のスープ、羊の脳みそのスープ……。腸のスープには、草が原形をとどめたまま浮かんでいるし、脳みそのスープに至っては、同行の中国人男性も途中で食べるのを止めてしまった。もちろん私も一、二口飲んだだけで諦めた。「脳」のイメージが強すぎる。もし脳みそと知らされていなかったらもっと食べられたかもしれない。脳みそだと教えてくれたサングラスの男は、我々が手をつけないそのスープを美味しそうに一人で飲んでいる。教えることで食欲が湧かなくなることを知った上での企みに違いない。

モンゴル料理

夜は宿泊用のパオに泊まる。内部は見た目より広く、周囲が一段高くなってそこに枕を置いて寝る。テントの真上には採光と通気を兼ねた小さな穴が開いている。一つのパオに五、六人位は泊まれるだろうか。そこに中国人二人と私の三人で泊まった。夜、辺りは真っ暗で何もすることがない。空を眺めると満天の星空である。ここの緯度は北緯四十一度位、日本の青森県とほぼ同じ緯度に位置する。鹿児島で見る夏の星空と星の数が多い以外似たようなものだが、心なしか北極星の位置が少し高い。その夜は早々と眠りに就いた。明け方寒さで目が覚める。毛布一枚では寒すぎる。日中は三十度ほどの最高気温で乾燥していることもあり過ごしやすかった

移動式住居パオ（ゲル）

が、明け方は夏でも十度近くまで下がる。内陸地は寒暖の差が大きいと聞いていたが、身をもって体感した。

ステップの植物の話をしよう。草原の草丈は五十cm～一mほど。真上から見ると地面が見え、馬や羊の踏み付けもあってそれほど高密度ではない。草原を形成する植物種は、やはりイネ科が中心である。日本とは別種の植物ばかりで種名の同定はできない。しかし思った以上にイネ科以外の植物もある。遠くから見てもお花畑のように見える七月の草原。イネ科草本は花弁をもたないので、花弁をつくる植物はイネ科やカヤツリグサ科以外の植物である。記録できた科としては、キク科、ナデシコ科、フウロソウ科、キンポウゲ科、バラ科、マメ科、リンドウ科など。驚いたのは、少し窪地になった場所でアヤメ科の花を見たことであろう。乾燥地帯とはいえ、短い夏でも湿った窪地では、湿地特有の植物も生育できるのである。日本とは異なり、この地での植物の生育期間は短い。六～八月のわずか三カ月間で芽を出し、成長して花を咲かせ、結実まで行わなければならない。太陽の光を遮るものはないので、たっぷり光合成をして養分を蓄え、短い期間で子孫を残すのだろうか。植物の丈が日本に比べて低いことも生育期間の短さを示唆している。

草原に咲くアヤメの仲間

敦煌《ドゥンホワン》郊外の鳴沙山《ミンシャーシャン》と月牙泉《ユエヤーチュエン》（中国・甘粛省《カンスー》）

一九九五（平成七）年夏、二週間にわたる中国西域の一人旅の途中、新疆ウイグル自治区のウルムチから夜行列車で朝方柳園に着き、そこから中古バスで砂漠の中を三時間走って敦煌に到着した。この辺りは中央アジアの中央部（タリム盆地）の大半を占めるタクラマカン砂漠の東端に位置し、敦煌も砂漠の中のオアシス都市である。この街の歴史は古く、紀元一一一年に漢の武帝がここに軍事的な要衝として郡を置いた時から始まる。ここから西は「西域」とされ、漢民族にとってここが中国の最も西の端であった。

敦煌で有名なのは、仏教芸術の神髄といわれる「莫高窟《モーガオクー》」であろう。もちろん莫高窟も見学したが、ここでの主題は乾燥地帯の極めつけといえる「砂漠」について述べることなので、莫高窟の話は第三章に譲りたい。敦煌の砂漠では鳴沙山がつとに有名だ。街から車で南へ約三十分。砂漠の中に巨大な砂山が見えてくる。砂漠といえば、砂で形成された砂丘のようなものを思い浮かべる人も多いだろうが、実際の砂漠はその多くが岩や礫、砂が混ざり合った岩礫砂漠である。これまで見てきたウルムチからトルファンまでの間で、列車やバスの車窓から見た砂漠はすべて岩礫砂漠だった。しかしこの鳴沙山は完全な砂の砂

鳴沙山

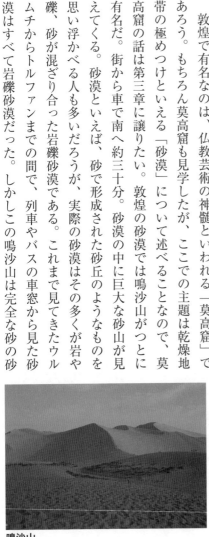

漠である。

この辺りの年間降水量はわずか百㎜前後、それも大半は五、六月頃にまとめて降って、それ以外は一滴の雨も降らない。当然植物は全くなく……と言いたいところであるが、実際は沢筋や窪地に、枯れた草や葉を落とした低木を見つけることもある。おそらく年一回の極めて短い雨期に草が芽生え、いち早く結実して枯れてしまう。機会があったら、ぜひこの雨期の季節に砂漠を訪れてみたいものである。訪れた時期は草はほとんど枯れていたので種類などは不明だが、イネ科の草本を主体としていることは間違いない。藪状になった低木類も葉を落としていたので種は分からないが、鋭い棘や硬い樹皮など乾燥に適応した形態が見られた。

鳴沙山の観光は朝や夕方がメインとなる。日中、夏の日向は気温が四十度を超える猛暑が続く。地元の人々は午前中仕事をして昼食をとり、午後はゆっくり昼寝をして夕方からまた仕事に戻る。お昼過ぎは役所も郵便局も閉まっていた。「昼間大型バスで観光しているのは、日本人や韓国人の団体客だけだよ」と、地元のガイドが話していた。確かに正午から午後の敦煌の街は閑散としている。私も彼らの流儀に習って、昼寝をたっぷりして屋外での活動は午前中と夕方から夜に実施した。

ツアーバスに申し込んで鳴沙山を訪れる。砂の砂漠は歩きにくい。靴の中にも容赦なく砂が入ってくる。特に傾斜の急な所は登っては滑り落ちるの繰り返しである。ここで登場するのがラクダだ。「砂漠とラクダ！」何とすばらしい組み合わせだろう。考えることは中国人も同じらしく、鳴沙山の山麓には観光客向けのたくさんのラクダと、それを操る地元の人々が群れている。観光客の中には歩いて登ろうとする者もいるが、ずるずる滑り落ちる姿を見て、私は躊躇することなくラクダを一頭チャーターした。

ラクダは、フタコブラクダ。二つのこぶの間に毛布を敷いてそこに座る。二つのこぶが支えとなって実に安定している。手綱もついているが、一つ目のこぶに生えている毛をつい掴んでしまう。チャーター料金は一時間六十元（当時のレートで約八百円）。観光客料金で少々高いが、とにかく楽で気持ちいい。

ガイドは、ラクダの首に巻き付けられた紐を引いてゆっくりと歩く。夕方で日差しは弱まっているもののまだまだ暑い。汗は出る間もなく乾いていき、帽子とペットボトルの飲み物は欠かせない。ラクダの四本の脚と蹄は実にしっかりと大地を踏みしめる。傾斜地も滑り落ちることなく確実に登っていく。山頂での日の入りを鑑賞するのがこのツアーの醍醐味だったが、日没までかなりの時間待たなければならなかったので、落日は諦めてもう一つの名所「月牙泉」を訪ねることにした。

ラクダに乗って砂漠を行く

ラクダにとって砂山の下りは、登りより大変そうである。さらに慎重に山を下りてしばらく行くと、砂漠のオアシス「月牙泉」に着いた。三日月形をしたこの池は、三千年以上も水が涸れたことがないそうだ。周りにはヨシの仲間と思われる湿生植物が生い茂っている。遠く、東の祁連《きれん》山脈や南のアルトゥン山脈に降った雨が長い期間を経て地下を流れ、ここに湧き出したのだろう。水質は悪くなさそうだが、あちこちにゴミが散乱している。近くには人工の池もあって、こちらは遊覧用のボートまで浮かんでいた。観光地化が進み過ぎて、せっかくの自然が失われることのないよう望みたい。

月牙泉

この章では日本では見られないバイオーム（植物群系）として、熱帯林と乾燥地帯（ステップ・砂漠）の見聞をまとめてみた。読んでいただければわかるとおり、訪問した場所は特別に許可を取ったり、ガイドを雇ったりしなくても誰でも行ける観光地である。それだけにバイオームの自然度は低いが、その雰囲気は十分味わうことができる。現在地球規模の環境問題として、熱帯林の減少と砂漠化の進行が取り沙汰されている。訪れた場所はたいてい観光地化が進み、自然保護の観点から考えると疑問を感じさせるような場面も数多く見られた。鹿児島県が誇る世界自然遺産「屋久島」でも、縄文杉への登山道の損傷や、登山客の糞尿、ゴミ処理など様々な問題が報じられている。自分自身も観光の波に乗ってこれら各地の観光地を訪れ、破壊や損傷に一役買っているのかもしれない。しかし、世界各地の自然や史跡・遺跡などを見てみようという欲求には勝てない。それならば「せめてその地の状況を知ってもらい、考えてもらう一助にでもなれば」という気持ちもあってこの文を表した。

日本で見られないバイオームはまだまだたくさんある。特に、高緯度地方のタイガやツンドラ、氷雪地帯はまだ訪れたことがない。こちらの方は予算的にも期間を考えてもすぐに実行できる状況にないが、いつか暇と金の準備ができたら訪れてみたいものである。

第三章　宗教施設と人々の祈り

アジアを旅していると、自然だけではなく各地の名所旧跡を訪問する機会も数多くある。それらの多くは寺院や遺跡であったり、宗教に関連する施設が多い。時の権力者が膨大な費用と数多の人々を駆使して建設した建造物の中には、世界（文化・複合）遺産に登録されているものも多く、訪れる人を圧倒する。さらにそれらの中には現在も現役で機能している所もあり、多くの人々が熱心に祈りの声をあげている。寺院の門前や仏像の前で何時間も祈る人々の姿を見ると、我々日本人には伺いしれない宗教心というものの姿が見えてくるような気もする。

この章では、それらアジア各地で訪れた寺院や遺跡を紹介する。ただ私自身宗教についての知識は甚だ乏しく、記されたことの中には誤った認識に基づいた内容があるかもしれないが、そこは門外漢ということでご容赦いただきたい。とにかくアジアは広く、人々の生活も祈りも多種多様である。

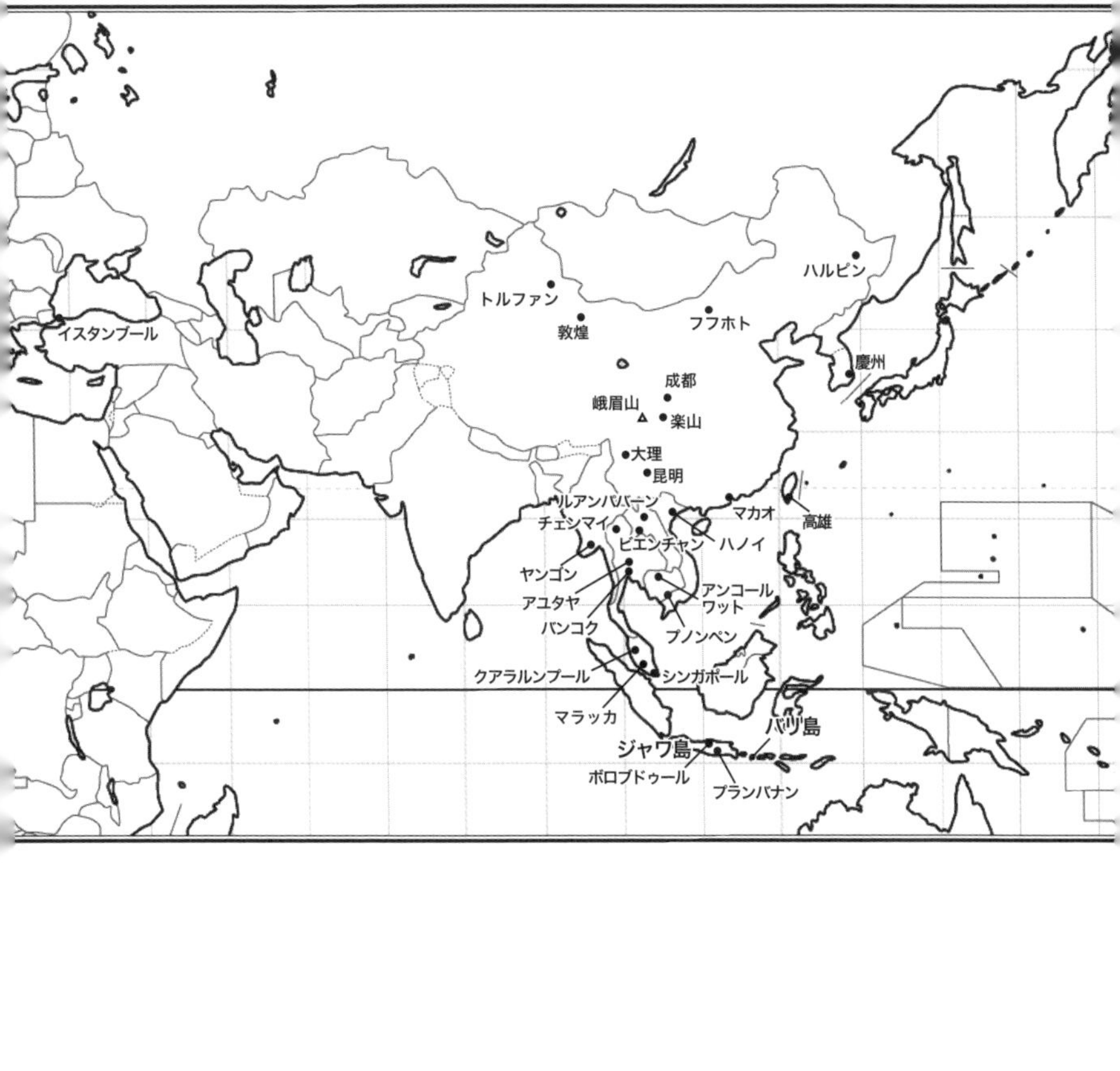
トルファン
敦煌
イスタンブール
フフホト
ハルピン
慶州
成都
峨眉山
楽山
大理
昆明
ルアンパバーン
チェンマイ
マカオ
高雄
ハノイ
ビエンチャン
ヤンゴン
アユタヤ
アンコール
ワット
バンコク
プノンペン
クアラルンプール
シンガポール
マラッカ
バリ島
ジャワ島
ボロブドゥール
プランバナン

仏教

仏教の起源は紀元前六世紀から同五世紀の頃、インド・シャカ族の王子ゴータマ・シッダルタが悟りを開き、弟子達に教えを説いたことに始まる。当時のインドはバラモン教の支配下にあり、複雑な祭祀《さいし》と厳格な階級制度や伝統が人々を苦しめていたという。仏教の教えの基本は輪廻《りんね》と解脱《げだつ》にあるといわれるが、その中身についてはまだまだ理解不足だ。

仏教の教えは、その後多くの弟子達によって法典化され各地に広まった。その流れは、シルクロードを経て中国、朝鮮半島、日本に広まった「大乗仏教」、セイロン島やインドシナ半島の諸国に広まった「上座部仏教（小乗仏教）」、その他「チベット仏教（ラマ教）」やヒンドゥーの影響を受けた密教系の各宗派がある。特に大乗仏教では、多くの宗派・宗門に分かれている。アジア各地で訪れた寺院仏閣もそれらの宗派に基づいて造られ、同じ仏教でも寺院や塔の造りは宗派や国によって様々だ。以下、それぞれの宗派ごとに訪問した寺院や遺跡を紹介する。

大乗仏教

高昌故城《ガオチャングーチョン》（中国・新疆《シンチアン》ウイグル自治区）

中国の西域、新疆ウイグル自治区や甘粛省《カンスー》は、シルクロードを経て中央アジアから紀元前後に最初に仏教が伝わった地域である。一九九五年の夏に新疆ウイグル自治区のウルムチからトルファンを訪問した。トルファンの郊外にある高昌故城は、四世紀頃から十四世紀頃までこの地を支配していた高昌国の住居跡である。砂漠の真っ直中にあり、乾燥と砂嵐で風化が進み遺跡の大半が崩壊した今では、昔の面影は残っていないが、最盛期には多くの人々が行き交い繁栄していたといわれる。七世紀には唐の高僧玄奘三蔵《げんじょうさんぞう》がインドに経典を求めて行く際に立ち寄り、一カ月間仏教の教えを講義したとも伝えられる。

高昌故城をロバ車で行く

乾燥した廃墟をロバ車でゆっくりと巡る。気温は軽く四十度を超えるが、湿度が低いので天蓋で被われた車の中は冷ややかな風が通って過ごしやすい。同乗の香港人若者グループが騒がしいものの、廃墟脇にある休息所で古の高昌国の人々の生活に思いをはせることができた。ただこの遺跡は崩壊が激しく、やがて砂に埋もれる運命にあるだろう。

ベゼクリク千仏洞《チェンフォードン》（中国・新疆ウイグル自治区）

トルファンから車で一時間ほど東に向かうと、火焔山の山麓を走る干上がった川の崖壁に穴の開いた構造物が見えてくる。ベゼクリクとはウイグル語で「装飾された家」という意味で、当時ウイグル族が信仰した仏教の壁画や菩薩像が描かれた寺院の跡である。六世紀頃から十四世紀まで約千年間開かれていた石窟寺院だが、イスラム教の侵入で土着のウイグル人はイスラム教に改宗した。偶像崇拝を禁止するイスラムの教えに沿って、さらに十九世紀後半から二十世紀にかけて盛んに行われた西欧の探検隊による持ち去りで、石窟内のほとんどの壁画や菩薩像は剥《は》ぎ取られてしまった。窟内の撮影は禁止されており、剥ぎ取られた仏画や菩薩像を紹介することはできないが、かすかに色の残った菩薩の体や曼荼羅《まんだら》の絵に、当時の高度な仏教美術と人々の宗教心の深さを垣間見ることができる。

ベゼクリク千仏洞

敦煌《ドゥンホワン》の莫高窟《モーガオクー》（中国・甘粛省）

ウルムチからの夜行列車を柳園で降り、おんぼろバスで約三時間砂漠の中を走って敦煌にたどり着く。敦煌は紀元一一一年に漢の武帝がここに郡を置いたことから始まった、当時の軍事基地である。ここから西は漢民族に西域と呼ばれ、当時中国の最も西の果ての町であった。

莫高窟は、敦煌の町から西へ約三十分ほど車で走った砂漠の中にある。防砂林となっているポプラ並木の向こう側、切り立った崖の中に無数の四角い穴が開いている。崖壁の長さは一・六kmにわたり、石窟の数は四百九十二にも及ぶという。これらの石窟の構築は四世紀頃から始まった。約千年の間に多くの修行層によって、のみと槌《つち》だけでこつこつと彫られていったのである。

莫高窟

各石窟の前には木造の楼閣が造られたらしいが、今はその一部だけが再建され、ほとんどの石窟は崖に穴が開いた状態で残されている。入り口で中国人の五倍以上の入場料を払い、さらにカメラはもちろん手荷物のすべてを預けて中へ入る。一時間ほど開放された石窟を巡ったが、ベゼクリク千仏洞と異なりこちらの石窟内部は大きな損傷は受けておらず、色彩豊かな飛天や菩薩像が柔らかに微笑んで見る者を圧倒する。石窟内の像は各時代ごとに特徴があると事前に学習していたが、実際に観察しても素人の私に違いはよくわからない。しかし薄暗い中でほのかに浮かび上がる菩薩や天女の像は、修行する僧侶達を励まし慰めてくれたに違いない。この莫高窟、一九八七年に世界文化遺産に登録され、保護されている。

◆コラム◆　①寝台列車の旅

甘粛省の敦煌へは、新疆ウイグル自治区のウルムチから寝台列車を利用した。中国は世界有数の鉄道大国であるが、人口の割に列車本数が少なく、切符特に長距離列車の切符を手に入れるのは至難の業である。当時（一九九五年）はまだ切符販売は全くオンライン化されておらず、窓口の販売員もいい加減で、同じ切符が左の窓口では「没有《メイヨウ》（ない）」と言われても、右の窓口ではあったりする。この旅では、ウルムチから上海まで三泊四日をかけて移動する、中国で最も長い距離を走る特快（特急列車）の軟臥《なんが》（一等寝台）を利用したが、切符を得るには大変な苦労を要した。

　四人部屋で二段式寝台が向かい合わせのコンパートメントでは、私以外の三人が地元の人で、うち二人はウイグル人のおじさん。二人とも上海の子ども夫婦に会いに行くのだそうだ。もう一人はカンボジア人。当時、カンボジアは内戦が終結したばかりで混乱の最中にあり、難民としてウイグルに避難して来たのだろう。

寝台列車の同乗者

彼もまた上海の知人に会いに行くとのことである。いずれにせよ軟臥の切符代は二等の硬臥《こうが》の三倍以上するから、三人ともウイグルでは裕福な生活をしている方だろう。三人とも大変親切で、持参した食べ物（包子《パオズ》やナン）・菓子類を次々に取り出しては勧めてくれる。ただし会話は困難を極めた。ウイグル人は母国語のウイグル語の他、中国語と片言の英語を話し、カンボジア人は英語は全くダメで、カンボジア語と片言のウイグル語・中国語を話す。私ときたら日本語と片言の英語だけだから、カンボジア人と話す時は私のたどたどしい英語を、ウイグル人がウイグル語に訳してカンボジア人に伝えるという次第である。

彼らのおかげで、車中は全く退屈することなく過ごせた。食堂車で夕食を食べることも考えていたがその必要もなく、翌日の朝、敦煌の入り口である柳園に到着して彼らに別れを告げた。

◆コラム◆　②ツアーバスは経済的だけど？

現地で何カ所かの見所を効率よく巡るには、地元の旅行会社が企画している「ツアーバス」を利用するのが大変経済的で便利である。敦煌でも莫高窟の他、砂漠の鳴沙山やオアシスの月牙泉、映画のセットとして造られた敦煌古城などが町の周囲に点在しており、これらの見所を一日で廻るツアーバスを利用した。前日にホテルのフロントに申し込めばすぐに手配してくれる。しかもホテルまで迎えに来てくれ、終わったらホテルまで送ってくれるというのだから利用しない手はない。

この日敦煌で申し込んだツアーバスの料金は十元。日本円で百九十円ほどなので実に安い。ただしバスは冷房もない中古のマイクロバスで、もちろん各地の入場料や昼食は含まれていない。バスには運転手の他に乗客の世話をするガイドが乗っている。こんな安いツアーを利用するのはほとんど中国人ばかりなので、英語を話せるガイドに当たることはまずない。写真は敦煌で世話になったツアーバスの

ツアーバスの家族

運転手（夫）とガイド（妻）とお茶を飲んでいる時のもの。鳴沙山の観光を早めに済ませ、のどが渇いたのでお茶でも飲もうと思って、集合場所近くの茶屋を訪れた時に二人を見つけしばらく話をした。間の男の子は二人の子ども。託児所などはないので、五歳位の子どもでも一緒にバスに乗せて働いている。子どもは両親と一緒に働きながら（遊びながら？）育つわけだ。

実を言うと、私が最初にホテルで乗り込んだバスは写真とは異なる人がガイドだった。あれはどこだったか？　見学を終えて集合場所に戻ってみたがバスがいない！　しばらく待ったが、どうしても合流できそうになかったので別のバスに乗り込んだ。ガイドに理由を話すと乗っても構わないと言う。料金はやはり十元。ツアーの後半は別のバスで巡る羽目になったのである。観光地には似たようなツアーバスが何台も停車している。自分がどのバスの客なのか。せめてバスのナンバーだけはしっかり覚えて離れなければいけない。それに集合時刻と場所は

紙に書いてもらって、確実に把握しておかないと迷子になる。

楽山《ラーシャン》大仏（中国・四川《スーチョワン》省）

中国中西部、四川省の省都成都《チョントゥー》から南へ約百六十㎞の場所に楽山市がある。ここには長江《チャンジャン》（揚子江）の支流である岷江が流れ、それを見下ろす川岸の一角に巨大な大仏が建立されている。世界最大の石刻座仏といわれる楽山大仏である。二〇〇五年の夏、高二の息子と二人で成都からの一泊ツアーを利用してこの地を訪れた。バスは大仏のある凌雲寺近くまで行き、そこで客を降ろす。凌雲寺に至る参道をしばらく歩くと、突然大仏の頭が見えてくる。そこから急な崖につけられた道を降りて足下までたどり着く。下から見上げる大仏はさすがに大きい。高さ七十一m、肩幅は二十八m、足の甲には大人が百人座れるそうだ。もちろん足に這い上がることは禁止されているが……。

楽山大仏

　このような巨大な大仏が造られた理由は、八世紀初頭唐の玄宗皇帝の時代に、度重なる氾濫で人々を困らせていた岷江を鎮めるためである。凌雲寺の僧が建立を思い立ち、九十年の歳月をかけてできあがった。崖を手彫りで掘り進んだ大仏。確かに大きいが小さな仏像のような繊細さはない。顔の表情も何となくひょうきんで頼りなさそうだ。大仏の建立で岷江の氾濫が治まったかどうか定かでないが、大仏と凌雲寺を参拝する観光客の多さを見ると、この大仏がこの地の観光と繁栄に一役買っていることは間違いない。

峨眉山《ウーメイシャン》（中国・四川省）

楽山のすぐ南には、中国における仏教四大名山の一つに数えられる峨眉山がある。ここは先の楽山とともに、一九九六年に世界複合遺産に登録された名所でもある。古代より仙境《せんきょう》（仙人の住む場所）と称えられてきた山中には、四世紀頃から寺院が建てられ始め、明や清の時代には大小数百もの寺院や修行所があったという。我眉山の最高峰は三千九十九mもあり、ロープウェイやリフトを乗り継いで三千七十七mの金頂まで登ることもできる。

峨眉山　万年寺

中国人専用のツアーに唯一日本人として参加した我々父子は、バスで万年寺停車場まで行き、そこからロープウェイで万年寺へ上がった。参詣の後、山中の登山道を上り下りしながら標高七百十mの清音閣《せいおんかく》に至る。さらにそこから標高千二百mほどの自然生態保護区まで登り、来た道を途中まで後戻りして、清音閣から約五㎞の道のりをバスを降りた場所とは異なる停車場まで下ってバスに乗るという、かなりハードな行程である。

同行の中国人は中高年のグループや家族連れが多く、中には相当年配の女性も参加していた。山中の山道は彼らにとってもかなりきついはずで、後半は雨に降られたこともあって、全員がバスに戻ったのは予定を一時間以上も過ぎた頃であった。それでも参詣を途中でやめた人は一人もおらず、それぞれの寺院では実に熱心に祈りを捧げていた。日本における「お遍路さんの巡礼の旅」と似たような参詣なのかもしれない。

円通禅寺《ユアントンチャンシー》（中国・雲南《ユンナン》省・昆明《クンミン》）

円通禅寺境内

雲南省は中国の南西部ミャンマーやタイと国境を接する省で、省都の昆明は人口五百万人を超える大都市である。標高千〜二千mの雲貴高原にあり、夏は涼しく冬暖かい常春の国として、特に夏は避暑地として内外から多くの観光客で賑わう。

雲南省の仏教の特徴は東部や中央部は大乗仏教中心だが、南部のラオスやミャンマー国境に近い景洪（シーサンパンナ）付近は上座部仏教で、北西部はチベット仏教の影響を受けていることにある。円通禅寺は昆明市最大の仏教寺院で、九世紀の南詔《なんしょう》国時代に建立された禅宗のお寺である。最奥にある本堂の大雄宝殿は金色に輝く大きな建物で、平日にもかかわらず多くの参拝客で混雑していた。

龍門石窟《ロンメンシークー》（中国・雲南省・昆明）

昆明市の西郊外に西山森林公園と呼ばれる山々が南北四十kmにわたって連なっている。標高は千八百mの昆明より三百~四百m高く、山頂まではリフトや車で行けるが、山中には華亭寺や太華寺など数百年の歴史をもつ寺院も建立され参拝客も多い。ここで最も有名なのが、山頂から遊歩道をしばらく歩いた所にある「龍門石窟」。険しい崖をくり抜いて造られた細道は、直下に滇池《てんち》（湖）を臨みながら、時々トンネルをくぐるスリル満点の参道である。十八世紀に道教の道士が十四年の歳月をかけて掘り進んだといわれ、時に見かける精巧な彫り込みや色鮮やかな着色はすばらしい。

龍門石窟

崇聖寺《チョンションスー》（中国・雲南省・大理《ダーリー》）

昆明から北西へ四百kmほど行った所にある大理は、少数民族ペー族が多い標高二千mの地にある人口約五十万人の中都市である。九世紀から十三世紀まで栄えた南詔国と大理国の都とし

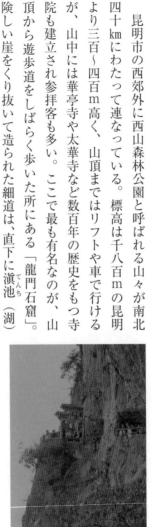

崇聖寺

崇聖寺のマニ車

て繁栄したが、十三世紀に元の襲来を受け、その後は中国の一地方都市となっている。

二〇一三年の夏、この大理を訪れ自然や歴史に触れる機会を得た。大理市の古城と呼ばれる旧市街の北西に、この地域では最大の寺院「崇聖寺」がある。創建は八世紀頃、南詔国と大理国の王室の菩提寺となった寺で、清の時代に消失したがその後再建されて今日に至っている。寺の境内は奥行きが深く、正面の門から最奥の仏閣まで優に二kmはあり、電動カートを利用して移動することになった。

参詣客の多くは中国各地からの観光客だが、いくつもある香炉では、中国特有の巨大な線香をあげる人で賑わっていた。また阿弥陀仏を祀った大雄殿の横には、チベット仏教の寺院で見られる「マニ車」が設置されていた。中国の大規模な寺は、日本と異なり宗派にとらわれない様々な仏像や菩薩が安置されていることが多い。浄土真宗なら阿弥陀仏だけという日本の寺とは異なる。これもお国柄の違いだろうか。

◆コラム◆　③雲南省の米麺

雲南省では、昆明でも大理でも「米麺（ビーフン）」が食の中心である。ちょうど日本のラーメン屋のように、通りのあちらこちらに小さな店舗が軒を連ねている。麺はもちろん米の粉を練ったもの。太さは、ソーメン程度のものから、讃岐うどんを彷彿とさせるものまでいろいろ。スープは「だし」のみで薄味である。肉やネギなどの野菜が結構たくさん入っている。テーブルには五、六種類の味付け用調味料が置いてあり、客は好みで味付けをする。米麺なのでコシは強くないが、適度な量もあり昼食にはもってこいだ。なお味のトッピングは最初からたくさん入れてはいけない。最初は薄味でだしの風味を楽しもう。後半は唐辛子を主成分とした赤い調味料を少しずつ足していくのがいい。ベトナムの「フォー」も同じような米麺だが、こちらはさらにバリエーションが豊富だ。

昆明の米麺

◆コラム◆　④大理の揚物屋

大理市下関地区の繁華街では、毎夕道路沿いに多くの屋台が店を出す。衣料品から雑貨、果物、土産物まで商品の種類は多種多様である。その中に数軒の揚物屋があった。どこも長い行列ができている。揚げる食材はポテトに肉団子、ソーセージから鶏肉、野菜類まで十種類以上に及ぶ。客の選んだ物を油で揚げ、秘伝のタレに絡ませる。実はこのタレがくせ者！ 赤色で辛く唐辛子は入っているのだろうが、それだけではないようだ。「各店独自の秘伝のタレ」これが商売繁盛の決め手なのである。

「屋台は衛生面が心配」という声をよく聞く。私もお腹は丈夫な方ではないので、屋台料理に挑戦するときは以下の点に気をつけている。

大理の揚物屋

①なるべく行列のできた人気のある店を選ぶ。回転が速いので食材も新鮮だ。並んでいる間に前の人を観察して、金額や注文の仕方を頭に入れておこう。

②生ものや冷たい食べ物は避ける。屋台に冷蔵庫はない。熱帯では暑さで食材が傷んでしまう可能性もある。アイスキャンデーの歩き売りなどはやめた方が無難。

③脂っこい物は少なめに。油分は消化に悪いので、疲れているときなど消化不良を起こしやすい。また屋台では古い油を使っていることもあるので、食べる量はほどほどに。

以上、自分のお腹と相談しながらB級グルメを楽しんでください。

仏国寺《プルグクサ》（韓国・慶州《キョンジュ》）

仏国寺は慶州から南東へ十六kmほど離れた山中にある大寺院で、一九九五年に世界文化遺産に登録された、韓国でも最も由緒ある寺院の一つである。この寺には一九九一年にプライベートで、さらに一九九四年に当時勤務していた高校の修学旅行の下見と本番で訪れたが、整然と配置された秀麗な伽藍《がらん》や美術的にも価値の高い仏像など、訪れる者を仏の世界に誘うようなすばらしさを感じた。この寺は六世紀に創建された後、日本の寺院建築に大きな影響を与えたとされている。

仏国寺伽藍

仏国寺　四天王像

この他韓国南部には、慶州と釜山《プサン》の間に梵魚寺《ポモサ》や通度寺《トンドサ》など、七世紀に建立された歴史ある禅宗の古刹がある。

ボロブドゥール遺跡（インドネシア・ジャワ島）

インドネシア・ジャワ島の中部、古都ジョグジャカルタから北西に車で一時間半ほどの所にある巨大な仏教遺跡が、世界遺産にも登録されているボロブドゥール遺跡である。二〇一二年の夏、ジャカルタから飛行機でジョグジャを訪れ、現地の一日ツアーを利用して、早朝にこの地を訪問した。早朝に訪問する理由は、日中は非常に暑くなることと、午後は別の遺跡（ヒンドゥー教のプランバナン遺跡）にも行くためである。

ボロブドゥール遺跡

ボロブドゥール遺跡は紀元八、九世紀頃、東南アジアの広い範囲で勢力を誇ったシャイレンドラ王朝により、約五十年の年月をかけて建造されたといわれている。しかし完成後この王朝は崩壊し、その後はヒンドゥー教国に取って代わられたため、この寺院は歴史の舞台から姿を消し密林の中に眠る伝説の遺跡となった。十九世紀初頭、イギリス人ラッフルズによって発見され、その後宗主国オランダによって発掘・修復が進み、さらに一九七三年以降、ユネスコ主導で大規模な保存・修復作業が行われて現在に至っている。しかし千年にもわたって人々の目から遠ざけられてきたため、この遺跡の目的や名前など多くが謎に包まれているという。

正方形をした遺跡はとにかく広い。最下部の一辺は百二十三m

もあり、レリーフを見ながら一周するのに三十分はかかる。仏陀の一生や教えを描いたとされる壁のレリーフは、実に細やかで芸術的だ。それが四層、五層と続くのである。最上層には多数のストゥーパ（仏塔）がにょきにょきと天を突いている。ストゥーパの中には一体ずつ仏像が安置されているといわれ、塔の隙間から覗いてみたが中は暗くてよく見えなかった。

この遺跡は大乗仏教の遺跡といわれている。ここはジャワ島中部で、最も近い大乗仏教の地域はインドシナ半島のベトナム北部だ。こんな場所にどのようにして大乗仏教が伝わったのだろうか。

壁のレリーフ

壁のレリーフを見るとヒンドゥー教と深い関係がありそうにも思える。三時間ほどかけて遺跡を見て回ったが、広くて高くて疲れたものの、その芸術性には十分満足することができた。

上座部仏教

インドで生まれた仏教のうち、スリランカと東南アジアのミャンマー・タイ・ラオス・カンボジアの五カ国は、上座部仏教が広まった国々である。この仏教は、大乗仏教側からは「悟りの世界（彼岸）には厳しい修行を積んだごくわずかな人しか行けない」という意味で「小乗仏教（わずかな人しか船に乗れない）」とも蔑まされた。大乗仏教が様々な宗派に分かれているのに対して、上座部仏教は釈迦が行った修行を忠実に実行して彼岸に渡ろうとするものであるから、宗派に相当するものはないといわれる。それでも国によって寺院の造り方やお祈りの仕方などは随分異なるように思われた。

ワット・プラケオ

タイの寺院（バンコク・アユタヤ・チェンマイ）

タイの首都バンコクの中心部、王宮のすぐ隣にある寺院がエメラルド寺院とも呼ばれるワット・プラケオ。ワットとはタイ語でお寺のことを指す。上座部仏教の寺院はとにかく派手である。何層にも重なった屋根、壁にはめ込まれた極彩色のモザイク、金箔を貼られピカピカに輝く仏塔など、いったいどれくらいの費用がかかったのだろうかと詮索したくなるほど輝かしい。特にこのワットは、本堂にあるジャスパー石で造られた高さ七十六cmのエメラルド・ブッダが有名だ（写真撮影禁止）。寺院の周りには仏陀の一生やラーマーヤナの叙事詩を表した壁画が描かれている。ラーマーヤナはインドの有名な物語で、仏教がヒンドゥー教の影響を受けていることを示唆している。

王宮をはさんでワット・プラケオの南側には、タイで最も大きい寺院といわれるワット・ポー。チャオプラヤー川の向こう岸には暁の寺院と呼ばれるワット・アルン。ホァランボーン駅の近くには高さ三m、重さ五・五tもの黄金で造られた仏像が安置されたワット・トライミットなど、バンコクの中心部には数十の寺院がひしめいている。そしてどこへ行っても熱心にお祈りをする地元の人々で賑わっている。

バンコクは一九九二年と二〇〇〇年に訪れたが、これら寺院とそこで修行する僧侶に対する人々の畏敬の念はいつの時代も変わ

ワット・アルン

らない。またタイをはじめ上座部仏教の国では、男子は一生の間に一度は仏門に入って修行しなければならないそうで、若い時に修行を済ませてしまおうと考えるのか子どもの修行僧をよく見かける。
バンコクから北へ八十kmほどの所に古都アユタヤがある。ここは十四世紀から十八世紀までのおよそ四百年余りアユタヤ王国の都があった場所で、安土桃山時

ワット・トライミット黄金仏

代から江戸時代初期の朱印船貿易時には多くの日本人も居住し、日本人町も形成されていた。「山田長政」など王室に仕えて活躍した日本人もいる。

一九九二年にバンコクから日帰りでこの街を訪れた。チャオプラヤー川のデルタ地帯に当たるこの街は、街中をいくつもの河川が流れ、その間に多数の寺院が点在している。寺院の多くが寺院跡のような遺跡になっており、バンコクに比べるとひなびた感がしないでもない。

ワット・ヤイ・チャン・モンコンは、アユタヤ朝の初期、十四世紀に建立されたといわれる寺院。中央の仏塔（チェディ）は高さ七十二mもあり、それを囲むように何体もの仏像が並んでいる。

涅槃仏

ワット・ロカヤスタはアユタヤの代表的な仏像の一つで、伽藍や建築物は失われ、長さ三十mもの涅槃仏《ねはんぶつ》だけが横たわっている。右腕で肘枕をし穏やかな表情の像を見ていると、ついこちらも世間の煩わしさを忘れてのんびりした気分に陥ってしまいそうだ。ちなみ

ワット・ヤイ・チャン・モンコン

に、枕になっているのはハスの花。座っているときも寝ているときでも、ハスは仏教にとって神聖な植物なのである。

バンコクから北へ約七百㎞、タイ北部の中心都市であるチェンマイは、十三世紀末から十六世紀まで約二百六十年間続いた「ランナー・タイ国」の都があった街である。二十世紀後半は周辺から集めた木材の集散地として発展したが、木材を切り尽くした現在は昔の面影はなく、静かな観光都市として欧米の観光客を集めている。一九九二年、バンコクから夜行の寝台列車でこのチェンマイを訪れた。街の旧市街は古い城壁で囲まれ、至るところに仏教寺院がある。

ワット・スアンドーク

ワット・スアンドークは、十四世紀末に建立された寺院。広い境内には、代々のチェンマイ王朝の王の遺骨を納めたチェディ（仏塔）が立ち並んでいる。

ワット・チェン・マンは、チェンマイ最古の寺院で、中には水晶でできた仏像と大理石の仏像が納められているそうだが、公開されるのは毎週日曜日だけで今回は寺の外観だけを観るにとどまった。

ワット・チェン・マン

◆コラム◆　⑤功徳を積ませるスズメ売り

ワット・チェン・マンの境内にいたときのこと。おばさんが一人近づいてきた。手に持った籠の中には数羽のスズメが入っている。おばさんは盛んにこのスズメを買わないかと持ちかけてくる。

「生きたスズメを買ってもなあ〜。焼き鳥にする方法もないし……」

市場や屋台で串に刺したスズメの焼き鳥（姿焼き）を何回も見ていたので、てっきり食用として売っていると思ってしまった。おばさんは私達に売るのをあきらめ、他の観光客へ移動した。見ていると欧米人だろうか、彼らはいくらかのお金を出してスズメを一羽購入した。そしてそのスズメを籠から出すと、勢いよく空に放したではないか。放たれたスズメは嬉しそうに近くの木の枝に止まり、それから寺の外へ飛び立ってしまった。

スズメ売りと客

なんとこの商売、「功徳を積ませる」ためにスズメを売っているのである。購入した者は捕らえられた哀れなスズメを逃がしてやることで、功徳を積むことになるのだそうだ。こんなことが功徳を積むことに繋がることもわかりにくいが、それを商売にするというのもまた理解に苦しむ。

上座部仏教の信者にとって修行を積むこともさるることながら、

功徳を積むことは大切な行為らしい。「現世でなるべく多くの功徳を積んで、死後は彼岸に行かなければならない」。これらの国々では修行中の僧侶に対する敬愛の念も強い。托鉢をする僧侶には、自分の食べる分を削ってでも喜捨するのだという。一度バンコクで、道端で物乞いをしていた乞食の老人が、目の前を歩く僧侶に自分が恵んでもらったお金を喜捨していたのを目撃したことがある。もちろんバスや船の席は僧侶優先。満員のバス内でも僧侶が乗ってくると、皆、我先に席を譲ろうとする。もちろん日本で僧侶の社会的地位が低いわけではないが、上座部仏教の国における僧侶の地位の高さは、日本より格段に上だと感じた。

スーレー・パゴダ、シュエダゴォン・パゴダ（ミャンマー・ヤンゴン）

二〇〇五年、タイのバンコクから空路ミャンマー最大の都市ヤンゴンに入った。まだアウンサウンスーチー女史が自宅に軟禁されていた、軍事政権の時代である。数年前からミャンマーは訪れてみたい国の一つだったが、少数民族との内戦や軍事政権に対するテロなどが聞こえていたので躊躇していた。この二、三年は落ち着いてきたと思い、思い切って決行した。滞在中特に危険を感じることはなかったが、政府の建物は銃を持った兵士が警備し、物々しい雰囲気が漂っていた。ちなみに私が訪問した翌年、ヤンゴンを中心に大規模な反政府デモが発生し、取材していた日本人カメラマンが銃で撃たれて死亡している。

現在ミャンマーの首都は、軍事政権によってヤンゴンから北方のネピドーへ移転している。

しかし、人口二百五十万人を超えるヤンゴンは何といってもミャンマー経済の中心地である。

スーレー・パゴダはヤンゴンの中心地、ロータリーの真ん中にある高さ四十六mの巨大なパゴダ。ミャンマーでは仏教寺院のことを「パゴダ」という。スーレーとは「聖髪」という意味で、内部に仏陀の遺髪が納められているといわれている。買い物や勤め帰りの人々が気軽に参拝しており、いつも賑わっている。夜はライトアップされて黄金の輝きがひときわ目立つ。

シュエダゴォン・パゴダ

スーレー・パゴダ

ヤンゴンの北部にあるミャンマー最大の寺院がシュエダゴォン・パゴダ。外国人の入場料は五ドルで、別にカメラ持込料が三ドル必要（高い）。拝観料を払うとシールをくれるので胸などに貼っておく。一般にパゴダは土足厳禁で、入場の際にもらうビニール袋は脱いだ靴を入れておくためのもの。
境内は広い。そして仏塔の金箔が目にまぶしい。これらの金箔はほとんどが一般の庶民による寄進で貼られたものだそうだ。彼らはなけなしのお金をはたいて一枚の金箔を買い、自身で仏塔の壁にこすりつける。これまでに貼り付けられた金箔の数は、中央の仏塔だけでも八千枚を超えるという。さらに下からは遠すぎて見えないが、塔の最頂部には七十六カラットのダイヤモンドをはじめ、数千個のダイヤやルビーがちりばめられているという。

これらの寄進は強制ではないと聞く。庶民の生活は決して楽ではないはずである。自分の生活を削ってまで寺に寄進をする。彼らミャンマー人の仏教に対する考え方、信仰の篤さは私ごときに推し量れるようなものではない。

プノンペンの寺院（カンボジア）

インドシナ半島の中南部、ベトナムやタイ、ラオスに囲まれたカンボジアもまた上座部仏教の国である。カンボジアでは世界遺産に登録された「アンコールワット」が有名だが、ここはヒンドゥー教の寺院なので後ほど紹介する。

カンボジアは一九七〇年以降、内戦やポルポト政権による大量虐殺、ベトナム軍の侵攻などで混乱した時代が続いた。カンボジアが平和な時を迎えたのは一九九八年以降で、その後も内戦時代に大量に散布された地雷の撤去などが行われ、観光客が安心して旅行できるようになったのは二十一世紀に入ってから

旧王宮

である。

私は二〇〇七年に一週間、アンコールワットに近いシェムリアップと首都プノンペンを旅行した。都市部や観光地における地雷の心配はなくなったと聞いていたが、シェムリアップからトンレサップ湖に至る道路の途中で、地雷撤去用の車両を目撃した際は「まだまだ山中に入るのは絶対無理だな」と思ったものである。長い混乱の続いたカンボジアであるが、寺院の数と荘厳さは他の仏教国と大差はない。人々は混乱の時代もパゴダや僧侶に対する敬愛の念を忘れなかったのであろうか。首都プノンペンにはタイやミャンマーと変わらぬ荘厳なパゴダが至るところにあり、多くの人々が参拝していた。

シルバーパゴダ

ルアンパバーン・ビエンチャンの寺院（ラオス）

ラオス中北部のルアンパバーンは、日本で言えば京都や奈良に相当する古都である。十四世紀、ラオスの前身であるラーンサーン王国の都がこの地に置かれ、多くの寺院や遺跡が残されている。一九九五年には世界遺産に登録され、東南アジア最後の秘境として欧米からの観光客も多い。

二〇一〇年夏、ベトナムのハノイからラオス航空のプロペラ機でルアンパバーンに入った。

ワット・シェントーン

街はメコン川の河岸に形成されており、アジアの他の都市に見られるような高層ビルは全くない。人口は五、六万人ほどで街の中心部は歩いて廻れるほど小さいが、数多くの寺院が街中に点在している。

この街を象徴する最も代表的な寺院がワット・シェントーンである。タイやミャンマーのような金ぴかの装飾はないが、赤茶色の落ち着いた外壁は見る者に安らぎを与える。また優雅に湾曲した屋根はこの地の寺院の特徴だろうか。他の多くの寺院も同様な湾曲した屋根をのせていた。

早朝この街を歩くと、托鉢をする少年僧の行列に出会うという。

残念ながら寝坊して会うことはなかったが、いくつかの寺院を訪れると僧坊の一角で年若い少年僧が勉強していたり、掃除をしたりしているのを目撃した。ラオスでも男子は一生に一度、仏門に帰依して修行を積むという習慣があるのだろう。厳しい修行の後、彼らがどんな人生観をもって社会に旅立っていくのか、言葉がわかれば話を聞いてみたかった。

本堂の黄金仏像

首都ビエンチャンは、ラオス中部のタイ国境近くに位置する。前述のルアンパバーンからラオス航空のプロペラ機で約五十分、ワッタイ国際空港は小さいながらも近代的な空港である。人口は約六十万人。東南アジアの多くの首都が人口数百万人以上の大都市であることに比べると、比較的こぢんまりとした中都市で高層ビルも交通量も少ない。

この街の起源は、ルアンパバーンを都としていたラーンサーン王朝の王が一五六〇年にこの地に遷都したことから始まる。ラオスは海のない内陸国だが、全長四千㎞を超えるメコン川の流れが水運や豊富な漁業資源を提供することで成り立ってきた。もちろんルアンパバーンもビエンチャンもメコン川の河岸に発達した街である。

ビエンチャンにも多数の仏教寺院があり、人々の信仰を集めている。最も代表的な寺院が北東部にあるタート・ルアン。十六世紀半ばから建設が始まり、その後何回も破壊と修復を繰り返して現在の姿になったのは一九三〇年代からの本格的な修復による。一辺が八十五mの正方形の庭に、六十mの正方形の土台をもつ高さ四十五mの塔が建っている。黄金の塔の中には、仏陀の骨（仏舎利）が納められているといわれている。

ビエンチャンの寺院にはタイやミャンマーと同様の金ぴか寺院もあるが、ルアンパバーンの流れを汲む落ち

タート・ルアン

ワット・シーサケートの仏像

ワット・ホーパケオ

着いた色彩のものも多い。例えばワット・シーサケートは十六世紀半ばの建立当時そのままの姿を残した寺院で、内部には二千体以上の仏像が並んでいる。ワット・ホーパケオも十六世紀半ばの創建で、エメラルド仏を安置するために建立された。ただシャム（タイ）の侵攻でエメラルド仏は持ち去られ、現在僧侶のいない寺院として残されている。パトゥーサイは寺院ではなくパリの凱旋門をモデルにして造られた戦没者慰霊塔で、一九六七年に建設が始まり、内部は未完成のまま建設は終了している。

パトゥーサイ

◆コラム◆　⑥中級ホテルで過ごす

旅を健康に気持ち良く続ける上で大切なことに、宿泊するホテルの質や設備がある。高額な宿泊費を出して四つ星・五つ星の「高級ホテル」に泊まれば、もちろん安心して疲れを癒すことができる。しかし旅の予算には限りがある。一回の費用すべてを二十万円以内に限定している私にとって、一泊一万円以上する高級ホテルに宿泊するのは無理な話だ。アジア各国の物価は日本よりかなり安いが、それでも外国人相手のホテル代は現地の物価にしては高めに設定してある。一九九〇年代初めの頃は、一泊二千～三千円程のエコノミーホテルを多用していた。このクラスのホテルだと、効きの悪いエアコンはついているがバスタブはなくシャワーのみで、しかもお湯が出る時間が限られていることが多い。テレビはあるものの部屋は狭く、ミニバーや冷蔵庫はもちろんない。通りの喧騒がうるさく落ち着かないことも多い。ホテルの施設に何か問題があると、欧米人の宿泊客は強い調子でクレームをつける。しかし言葉に自信がない日本人は我慢することが多い。文句を言って叶わないこともあるが、改善される場合もある。臆せず交渉してみよう。

最近は三つ星程度の中級ホテルを利用することが多くなった。価格は四千～六千円ほど。一通りの設備は整っており、ビュッフェスタイルの朝食もある。ただこのクラスの場合、なるべくできて新しい所を選ぶことが大切だ。古くなって故障や破損があってもメンテナンスを施さないホテルが多い。バスタブはあっても栓がなくお湯を溜められないとか、部屋灯の電球が切れたままになっているなど、あたりはずれも大きい。またホテルの規模は、五十～百室程度の小規模なホテルがいい。三泊ほど連泊する場合、小規模の方がフロントの人とも親しくなって、いろいろ便宜を図ってもらえるようになる。積極的にコミュニケーションを図ることが大切だ。

次頁上の写真は、一九九九年に中国吉林《ジーリン》省の省都・長春《チャンチュン》で泊まったホテル。戦前は大和ホテ

長春の旧大和ホテル

ルといって最高級ホテルだったが、今は一泊五千円ほどの中級クラスに落ちている。室内外ともリニューアルされそこそこの設備は整っていたが、バスタブは使えないなどメンテナンスに不備はあった。しかし昔のスタイルなので部屋はとにかく広く、ソファもあって三泊をゆっくり過ごすことができた。

　下の写真はラオスの古都ルアンパバーンで宿泊したジェイドホテル。日本で予約した中級ホテルだがわずか二十室しかなく、こんなに小さいとは思わなかった。設備はエアコンとホットシャワーのみで、なんと朝食は別の場所へ移動して食べさせられた。ただ部屋は落ち着いた雰囲気で、喧騒もなくスタッフも親切で気持ち良く過ごせた。

ルアンパバーンのホテル

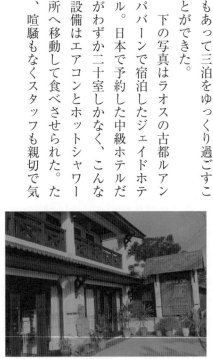

イスラム教

七世紀に中東で興ったイスラム教は、その後北アフリカや中央アジア、西南アジアを経て東南アジアや中国西域にまで勢力を広げてきた。マレーシアではイスラム教が国教で、国民の七割を占めるマレー系のほとんどがイスラム教の信者（ムスリム）である。インドネシアもジャワやスマトラ島など二億四千万人の人口のうちムスリムが九割の二億人を超え、世界一のイスラム国家である。その他、フィリピン南部や中国の中〜西部、ブルネイなど日本や韓国こそイスラム教徒はごく少ないものの、東アジアや東南アジア全体ではイスラム教信者は決して少数派ではない。

筆者は一九九二年にマレーシア・シンガポールを訪問した際、初めてイスラム寺院（モスク）を訪れる機会を得た。寺院によっては異教徒の入場を拒む所もあるが、マレーシアの国立モスクなどは一定の条件を満たせば異教徒でも見学できる。イスラム教は偶像崇拝を禁じているので、仏教やキリスト教寺院で見られる仏像やキリスト像に相当するものは全くない。礼拝のための広い部屋と聖地メッカの方角を示す矢印、それに屋外に体を清めるための沐浴場があるだけである。ただイスラム建築特有の幾何学模様や優美な尖塔、祈りを促す「アザーン」という呼びかけに、他の宗教にはない独自の特色を見ることができる。

以下、見学したいくつかのイスラム寺院を紹介しよう。

国立モスク（マレーシア・クアラルンプール）

一九六五年に完成した八千人収容可能な大規模なモスク。金曜日の礼拝時以外は異教徒も入場して中を見学できる。ただしドレスコードがあって、短パンやノースリーブなど肌を多く露出した服は不可。女性の場合は、入り口でローブとスカーフを無料で貸してくれるのでそれを身につければＯＫ。以前、勤務していた高校の修学旅行で入場した。

国立モスク

蘇公塔《スーゴンター》（中国・新疆ウイグル自治区・トルファン）

トルファンの中心部にあるイスラム寺院。十八世紀後半に当時の郡王が造ったもので、塔の高さは四十四ｍある。朝と夕方、この塔の上から祈りを促すアザーンの肉声が聞こえていた。アザーンはまるで歌うように抑揚をつけた調子で発せられる。必ず肉声でなければならず、テープで録音したものを流すことは許されていないという。アラビア語で語られるので、地元の人もアラビア語を解さなければ意味は解らないはずであるが、小さい頃からアラビア語の祈り

蘇公塔

の言葉に慣れ親しんできたのだろう。

ある時、祈りの時間になったのだろうか。トルファンで路上の物売りが、やおら地面に布を敷いてその上にひざまずき、メッカと思われる方角に向かってお祈りを始めた。何やら呟きながら熱心に祈る姿は、荘厳そのものである。祈りの邪魔をしないよう、少し離れた所で終わるのを待った。

◆コラム◆　⑦シルクロードの（シシ）ケバブ

中国の西域から中央アジア、トルコあたりまでで最もよく食べられる肉は羊肉である。多少臭みがあるので、煮込みや鍋は臭みを取るショウガやネギを多量に入れないと食べにくい。しかし焼くと臭みが取れ食べやすくなる。トルファンで食べたケバブは一口大の羊肉を串に刺して炭火で焼いたものに、香辛料がたっぷりかけられて実に香ばしく美味しかった。唐辛子を主体とした香辛料には、多くの種類があって店ごとに内容が異なる。各店は自慢の香辛料で勝負しているのである。

屋台のケバブ（トルファン）

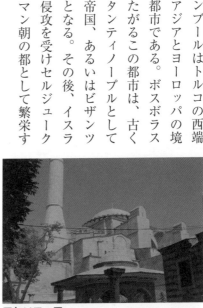

イスタンブールのモスク（トルコ）

イスタンブールはトルコの西端にあり、アジアとヨーロッパの境目にある都市である。ボスボラス海峡にまたがるこの都市は、古くはコンスタンティノープルとして東ローマ帝国、あるいはビザンツ帝国の都となる。その後、イスラーム軍の侵攻を受けセルジューク朝、オスマン朝の都として繁栄する。

アヤソフィア

内部のマリア・キリスト像

トルコ国民の九九％はイスラム教徒で、トルコは間違いなくイスラム国家である。二〇〇九年にこのイスタンブールとアナトリア高原のカッパドキア地方を訪問したが、イスタンブールではホテルの中までアザーンの肉声がマイクを通して聞こえていた。しかしこの街は、イスラムの侵攻以前はギリシャ正教のキリスト教国家であった。旧市街にあるアヤソフィア博物館は、もともとキリスト教の教会でギリシャ正教の総本山として崇拝されていた。十五世紀オスマン朝のメフメット二世により聖堂はジャーミイ（モスク）に変えられたのである。天井や壁のキリストやマリアの聖像画は一度漆喰で塗りつぶされたものの、二十世紀になって取り除かれ、トルコ共和国の初代大統領アタテュルクによって博物館として公開されることになった。

一般にイスラム教では偶像崇拝を嫌い、歴史的に見てもムスリムに侵攻された場所の宗教的な像は、顔を中心に破壊されることが多い。タリバンによるアフガニスタンのバーミヤン大仏の破壊などは記憶に新しい出来事である。祈りの場でないとはいえ、イスラム教徒のトルコ国民がこれらの宗教的遺跡の文化的価値を理解し、保存していることに大きな敬意を払いたい。イスタンブールにはこの他ブルーモスクとも呼ばれるスルタンアフメット・ジャーミイなど壮大なモスクが各所にあり、毎週金曜日の礼拝時は多くの人で賑わうという。

ブルーモスク

イスラムのラマダン「断食月」（インドネシア・ジャワ島）

二〇一二（平成二十四）年八月上旬にインドネシアのジャワ島を訪れた。主な目的は、ジャワの雑草の外来種調査と世界遺産のボロブドゥール遺跡やプランバナン遺跡の見学である。こちらの報告は他の頁で語るとして、ここでは見聞したイスラム教のラマダンについて述べてみたい。ラマダンとは断食月のことで、約一カ月間日の出から日没まで一切の飲食・喫煙を禁ずるというイスラム教の戒律の一つである。これまでマレーシアやトルコ、中国西域などイスラム教徒の多い国も訪問してきたが、ラマダンの時期に遭遇したのはこの時が初めてである。ラマダンはイスラム暦の決まった月で毎年行われるが、イスラム暦は西洋暦より幾分短いので年々少しずつ早くなる。ラマダンが旅行に影響を与えることがないだろうか？　昼食がとれるだろうか？　多少心配しながらの旅となった。

ジャワ島では、首都のジャカルタと中部にある古都ジョグジャカルタに滞在した。ジョグジャのホテルは朝食付きである。普通ホテルの朝食は朝七時頃から供されるのだが、ラマダンの時期には朝五時に始まっていた。日の出はこの季節およそ六時半頃である。その前に朝食を済ませないといけないイスラム教徒にとって、朝五時始動はやむを得ないことなのだろう。日中、街の食堂は営業している店もあれば閉まっている所もある。確かに中国や東南アジアでよく見られる、昼間食堂で大勢の人々が賑やかに食事をしているような光景は見られない。多くの店が開店休業中のように閑散としている。ジャカルタとジュグジャを結ぶ国内線では、簡単な軽食（ボックスランチ）が提供された。私は早速ジュースとこの食事を食したが、食べずにそのまま持ち帰る人がほとんどだった。

ボロブドゥール遺跡の観光後、ベンチで一服しているとお物売りのおじさんが話しかけてきた。ムスリム独特のニット帽をかぶっている。買う気はないので適当にあしらいながらラマダンのことを思い出した。インドネシアも世界有数の喫煙大国で喫煙者の数は多い。タバコの煙が彼の方へ流れることが気の毒に思い、「ソーリー・ソーリー」と言って離れる。彼は「ドンットマインド」と言って笑いながら引き留めようとしたが、私は手を振って足早に歩き去った。きっと彼もタバコを我慢しているのだろう。しかし街中では、日中喫煙をしている中高年の男性はけっこう見かけた。

一方、普通に食事をしている人々もいる。当に陽は昇った朝の八時半頃、頭にショールをつけた若いイスラム教徒と思われる女性が、ボーイフレンドだろうか、ジャカルタ空港のＫＦＣで若い男性と楽しそうに食事をしている。彼らはイスラム教徒ではないのだろうか。一人一人聞いてみる訳にもいかず、どの程度のイスラム教徒がラマダンの戒律を守っているのか憶測の域を出ない。若い人ほど宗教に無関心な傾向は、日本と同様インドネシアでもあるのかもしれない。

ジョグジャカルタ・マリオボロ通りのストリートミュージシャン

インドネシアの人口二億四千万人のうち、イスラム教徒は約九〇％を占める。つまりインドネシアは二億人以上のイスラム教徒が暮らす世界最大のイスラム国家である。街中でもイスラム教特有の帽子をかぶった男性や、ショールやブルカで頭を被った女性を数多く見かけた。もちろんそのような格好をしていない若者も多数見かけた。特にジャカルタのような大都市ではその傾向が強い。中近東のイスラム国家に比べると、東南アジアのイスラム教の戒律はそれほど厳しくないと聞いている。スーパーには飲料コーナーに普通にビールやワインも置いてある（イスラム教では飲酒は御法度）。宗教に対する考えは、イスラム教でも国家や世代において温度差があるのだろう。少なくとも都市部においては、ラマダンで昼食を食いはぐれるというようなことはなかった。

ヒンドゥー教

インドを発祥の地とするヒンドゥー教はもともとバラモン教を起源とし、土着の民間信仰などを吸収して紀元前五〇〇年頃起こったといわれている。創造神ブラフマー、太陽神ビシュヌ、破壊神シバの三神と無数ともいえる神々が存在し、典型的な多神教である。ヒンドゥー教の寺院を訪れると、建物の尖った屋根部分にはゾウやサル、イヌなど様々な動物や植物の神々が飾られ、時には家や道端、市場さえもが神として祀られている。ヒンドゥー教では仏教の開祖釈迦もまた、太陽神ビシュヌの九番目の化身としている。輪廻や解脱の考えは仏教に似ているところもあり、大らかというか寛容というか他の宗教にはない特性を持っている。

スリ・マハ・マリアマン寺院

スリ・マハ・マリアマン寺院（マレーシア・クアラルンプール）

多民族国家のマレーシアには約一割のインド系住民が住み、彼らの多くはヒンドゥー教の信者である。スリ・マハ・マリアマン寺院はマレーシア最大のヒンドゥー教寺院で、夕方には香がたかれ、インド系の人々が祈りを捧げに集まってくる。観光客でも入れると聞いたが、やはり異教徒では入りにくい。屋根にはたくさんの神々のレリーフが施されており、中には実にエロティックな姿をした神もいる。時間があったらじっくり眺めていたいものだ。

スリ・マリアマン寺院（シンガポール）

マレー半島の先端にあるシンガポールもまた多民族国家。こちらは中国系が最も多いが、インド系のヒンドゥー教徒も五％近く住んでいる。彼らの心の拠り所がチャイナタウンにあるスリ・マリアマン寺院。十九世紀初めに創建され、長い間インド系の人々の信仰のシンボルとなってきた。極彩色の屋根には今

スリ・マリアマン寺院

にも飛び出てきそうな神々が溢れており、夜になるとライトアップされてさらに異様な雰囲気となる。

アンコール・ワット（カンボジア）

カンボジアの北西部、トンレサップ湖の北方に世界遺産アンコール・ワットがある。十二世紀前半、クメール王朝のスールヤヴァルマン二世によって創建されたヒンドゥー教寺院で、南北一・三km、東西一・五kmの堀で囲まれた広大な敷地内にある大規模な寺院だ。ヒンドゥー教の三大神のひとり「ビシュヌ神」に捧げられた寺院ともいわれ、外側の第一回廊の壁にはヒンドゥー教の神々や神話の物語が細かく刻みこまれている。

アンコール・ワット正面

外壁のデバター（女神像）

内部は非常に広く、第一回廊、第二回廊を一周ずつ見学して中央の祠堂に登る。どの壁にも緻密なレリーフが施され息つく暇もない。見学を終えて、当時の宗教心よりも支配者である王の権力がいかに大きかったかを痛感させられた。

アンコール・ワットの見学後、チャーターしたバイクの後ろに乗って隣の仏教遺跡も見て廻る。周囲にはバイヨン寺院の他、アンコール・トムと呼ばれるいくつもの仏教遺跡が残されている。ヒンドゥー教を信じる王朝がアンコール・ワットを完成させた直後に滅び、十二世紀末には仏教を信じる王朝が取って代わり、アンコール・ワットは放棄され、十九世紀に再発見されるまで長い間ジャングルに埋もれていたという。タ・プロームという仏教寺院の遺跡は、イチジクの仲間の樹木の根が遺跡全体を被い、風化に拍車をかけていた。

遺跡はカンボジアの度重なる内戦で荒廃し、一時「危機遺産」に指定されていた時期もあったが、平和が戻った今は各所で修復作業が行われている。

タ・プローム（仏教）

プラン・バナン遺跡（インドネシア・ジャワ島中部）

ボロヴドゥール遺跡から東へ六十㎞ほど離れたジャワ島中部に、ヒンドゥー教の遺跡であるプラン・バナンがある。こちらも世界遺産に登録された有名な遺跡で、九世紀半ばにサンジャヤ王朝のピカタン王によって建立された。つまり九世紀頃にはジャワ島中部では、北部が仏教

プラン・バナン遺跡

国のシャイレンドラ王朝、南部はヒンドゥー教国のサンジャヤ王朝が両立していたことになる。二つの国は婚姻関係にあり、宗教の違いを超えて友好的に交流していたといわれ、それぞれがボロヴドゥールとプラン・バナンという世界遺産に登録されるような壮大な寺院を建設したのである。

インドネシア・バリ島

バリ島はジャワ島のすぐ東に位置する五千六百平方kmほどの島で、リゾート地として有名である。

イスラム教徒の多いインドネシアの中で、ここに住むバリ人の多くはヒンドゥー教の信者である。この地のヒンドゥー教は仏教や土着の民間信仰の影響を受けた独特の宗教で、独自の神がいるなど伝統的なスタイルを維持している。ケチャやバロンダンスなど独自の文化芸能もあり、一九九六年に家族で訪問した際、それら特有の文化や宗教に、リゾート地としてだけではない一面を楽しむことができた。

バロンダンス

キリスト教

東アジアにおけるキリスト教の普及は、十五世紀末アフリカの喜望峰を周る航路が発見され、大航海時代が始まってから活発になる。十六世紀になるとスペイン、ポルトガルそしてオランダやイギリスは東インド会社などを先頭に、競って香辛料や陶磁器などの貿易品を買いあさっていく。イエズス会などの宣教師もそれに乗じて来亜し、教会を建てて布教に努めた。東南アジアの中でも特に西欧の拠点があった街には、当時のキリスト教会が多数残っている。またフィリピンやマレーシア、ベトナム、韓国などの国はキリスト教徒も多い。ここではこれまでに訪問したいくつかの教会を紹介して、アジアのキリスト教について触れてみたい。

セント・ポール教会跡（マレーシア・マラッカ）

十六世紀初めのポルトガルに始まり、オランダ、イギリスと次々に支配者が変わっていったマラッカの街には、様々なタイプの教会が建てられている。またここは、鹿児島にもなじみの深いフランシスコ・ザビエルが活動拠点を置いた場所としても知られている。

セント・ポール教会（跡）
昔の棺の蓋

オランダ様式のキリスト教会

セント・ポール教会は、十六世紀のポルトガル統治時代に建設されたカトリック教会の跡である。ザビエルの遺骨は死後しばらくの間ここに安置され、その後インドのゴアに移された。

オランダ様式のキリスト教会は、オランダ統治時代の一七三五年に建てられた。内部には、タイル画の『最後の晩餐』が描かれている。

ペンニャ教会（中国・マカオ）

マカオは一九九九年に中国に返還されるまで百五十年間ポルトガルの植民地であった。返還前の一九九〇年に訪問し、一日かけて観光した。

マカオ南端の丘の上に立つペンニャ教会は一六二二年創建のカトリック教会で、当時東洋における布教の拠点だったといわれる。内部の見学も自由で、小さいながらもロココ調の荘厳な内部は静寂に満ちており厳粛な気持ちになる。

マカオにはこの他、前面の外壁だけが残された聖ポー

ペンニャ教会

ル天主堂も見学したが当時は修復中であった。

セント・ジョセフ教会（ベトナム・ハノイ）

セント・ジョセフ教会

ベトナムは、十九世紀からフランスの侵攻を受け、一九五〇年に独立するまで（途中日本軍の進駐を受ける）フランスの植民地であった。そのため首都ハノイをはじめ南部のホーチミン市など、各地にキリスト教の教会があり信者も多い。

セント・ジョセフ教会はハノイ大教会とも呼ばれ、一八八六年創建のハノイで最も大きな教会である。二つの尖塔を有するネオゴシック様式で、内部は美しいステンドグラスで飾られている。

聖索菲亜教堂《ションスオフェイヤージャオタン》「聖ソフィア大聖堂」（中国・黒竜江省・ハルピン）

中国の東北地方、ロシアとの国境に近い黒竜江省の省都がハルピンである。一九九九年、昔「満州」と呼ばれたこの地方を十一日間にわたって旅行した。この地方は二十世紀初頭、日本とロシアが覇権をめぐって争った地であり、日露戦争以後日本が影響力を増大して、傀儡《かいらい》の満州国を建国させた場所でもある。

ハルピンはロシアに最も近い街ということもあって、ロシア人街など影響を受けた地区も多い。写真の建物もその一つで、一九〇七年に帝政ロシアの従軍用教会として創建されたロシア正教の寺院である。現在この建物は教会としてではなく、「ハルピン建築芸術館」として開放され、博物館のような使われ方をしている。

聖索菲亜教堂

道教

道教は古代中国のアミニズム信仰の上に、現世利益の願いが加えられて成立した、多神教の自然宗教の一つであるといわれている。古代中国の思想家「老子」が道教の開祖だとする説もあるが、これは誤りで老荘思想は別ものだという。中国では仏教と融合し、一つの寺院に両者の神々が祀られていることも珍しくない。道教にはお札《ふだ》を貼ったりそれを身につけたりお祓いをしたりするなどの儀式があるが、それらは日本人の生活習慣にも深く根付いている。

青羊宮《チンヤンゴン》（中国・四川省《スーチョワン》・成都《チョントゥー》）

成都は人口一千万人を超える四川省の省都で、今から千八百年余り前の三国時代、劉備《りゅうび》が蜀《しょく》の都をおいた地としても有名である。成都にはこの劉備と軍師・諸葛亮孔明《しょかつりょうこうめい》の祠堂もあって、武侯祠《ウーホウツー》として多くの参詣者で賑わっている。またこの街には仏教の他道教の寺院も多く、歴史的な史跡の見どころの多い街だ。

青羊宮

四川省に道教寺院が建てられ始めたのは周代の頃からで、唐代になって盛んに建設が進められた。青羊宮は中国の代表的な道教寺院の一つで、現在の宮は清代に再建されたもの。ここは黄銅製の羊が有名で、体のそれぞれの部分が十二種の動物の化身だといわれ、災厄を祓う神羊として人々の信仰を集めている。寺院の建物は仏教のそれと見分けがつきにくい。建築様式は、中国独自の様式がどちらの宗教にも用いられているのだろう。

武侯祠

チェン・フン・ティン寺院（マレーシア・マラッカ）

一六四六年創建のマラッカ最古の中国系寺院。屋根には動物や神様の小さな像が飾られ、境内の一角には道教の神々の像がある。

三鳳宮《サンフォンゴン》（台湾・高雄《ガオション》）

南部にある台湾第二の都市高雄の中心部にある道教の聖地。境内には道教の神様の他、釈迦や観音菩薩像など仏教の神々も祀られていて参拝者が絶えない。

チェン・フン・ティン寺院

三鳳宮

チベット仏教

ダライ・ラマを頂点とするチベット仏教は、アジアの中央部ネパール、ブータン、チベット、モンゴルなどで信仰されている。他の仏教との違いは、信仰の対象としてラマと呼ばれる指導者が存在することにある。そのためこの仏教は「ラマ教」ともいわれる。

チベット仏教の寺にはマニ車がある。小さいものは人が振り回して回すようなものから、大きいものはドラム缶ほどのものまで。この中には仏教の経典が入っており、たとえ字が読めなくてもこの車を回すことでお経を唱えたことになるのだそうだ。またチベット仏教のお祈りの仕方に「五体倒地」という手法もある。文字通り全身を地面に投げ出して額を地面につけ祈り、再び起き上がるというものである。フフホトの寺院でこのお祈りをしている地元の老人を目撃した。一回の祈りが優に三分はかかる長い祈りだ。それを何十回も繰り返すのだから、信仰心の篤さには頭が下がる。

大召《ダージャオ》「無量寺」（中国・内モンゴル自治区・フフホト）

十六世紀にモンゴル・タタール族の首領アルタン・ハンが建立したチベット仏教の寺院。中には銀製の釈迦牟尼像が安置されており、地元の参拝客が絶えない。建物の形態は中国風である。

大召「無量寺」

第三章は、この二十六年間に訪問したアジア各国の宗教施設や遺跡についてまとめてみた。この章をまとめるにあたって、幾冊かの宗教関係の書籍を読んでみたが、宗教については全くの門外漢で理解しにくい内容も多くあった。また現地の言葉や文字が理解できないため、訪ねた寺院や施設に書いてある説明文の意味がわからないことも多かった。何かを理解するのに、字が理解できるということがこれほど重要だとは思わなかった。また現地語で説明するガイドの説明も全くわからない。必然的に日本語で書かれたガイドブックやパンフレットに頼ることになる。したがってここで書いてきた内容について、本当に正確なものなのか甚だ自信がない。しかしアジアの各地には実に様々な宗教が根付き、それらを信仰する熱心な信者が多数存在することは間違いない。

信仰に帰依する人々を見て、自分自身にとって宗教とは何だろうと考えることが多くなった。一般に日本人は信仰心が薄いといわれる。「あなたは何教を信仰していますか?」と外国人に聞かれて、返事に窮する人も多いに違いない。「無宗教」という答えは軽蔑されることもあると聞いていたので、私はとりあえず「仏教徒」と答えることにしている。自宅に仏壇があることがその理由だが、「じゃー、どんな内容でどんな習慣や儀式を行っているか」と問われても、やはり返事に窮することになるだろう。

十七年前に父を亡くした。母は三十五年前に他界している。父の遺骨を墓の地下室に安置した時、「次にここに入るのは順番からいうと自分の骨だ」ということに思い至った。それ以後、月に一度は墓参りを欠かさない。自宅に仏壇を購入して、毎朝夕お供え物をしては、ご先祖様に、「元気に生活していることへの感謝の言葉」をつぶやいている。だからといって念仏を唱えているわけではない。どうやら「祖先崇拝」という観念が、私も含めて日本人の信仰心の底流にあるような気がする。

　死は恐ろしいものだ。死んだ後どうなるのか。考えると夜も眠れなくなる人もいる。宗教は、死が決して恐ろしいものではないということを人々に伝えるために生じたのかもしれない。「極楽浄土」「天国」「来世」……。どの宗教も死後の安楽な世界を約束している。そして、安楽な死後の世界を享受するために、現世での功徳や博愛、道徳心などを課している。若い頃、死ははるか遠い未来の出来事だが、歳をとると死が近づく。近づくにつれて恐ろしくなり、宗教に頼るようになるのかもしれない。

　私は生物学を専攻している。死によって肉体は滅び、同時に魂もなくなる。科学の発展によって記憶・思考・感情など、脳内で起こる各種の心理的現象はほとんど説明できるようになった。脳波の停止はすなわち死である。死後、魂が抜け出て天国に招かれるとは考えにくい。復活もあり得ない。しかしそれでも人々は神に救いを求め、極楽往生と来世の幸せを祈る。死が必ず存在する限り、人々の宗教心は衰えることなく受け継がれていくのかもしれない。

第四章　アジアの動物と動物園

自分が生物専門の教師だったこともあり、日本では見ることのできない珍しい動物にはぜひ会ってみたいと思う。できるなら彼らの生息地へ出向き、野生の姿を見ることができれば最高の喜びである。しかし実際にそれを実行するには、長期の滞在とガイドや車を雇うための多額の費用が必要になる。短い夏季休暇と乏しい予算という現状では、せいぜい現地のエコツアーに参加するか、動物園を訪れて飼育下での姿を覗くのが精一杯である。その国を代表するような大きな動物園には、その国固有の珍しい動物を飼育していることが多く、野生ではないものの目当ての動物に出会うことはできる。

この章では、アジア各地で見ることのできた野生動物や、訪問した動物園の中でも特に印象に残った場所や動物を紹介する。アジア各国の動物園はまだまだ多くの施設が貧弱で、飼育されている動物にとって快適な環境とは言い難い。それでも休日となれば多くの家族連れで賑わい、子ども達の歓声が聞こえる場所となっている。さらに野生動物の中には絶滅の恐れがある種類も増えており、動物園が繁殖の場となっているともいう。

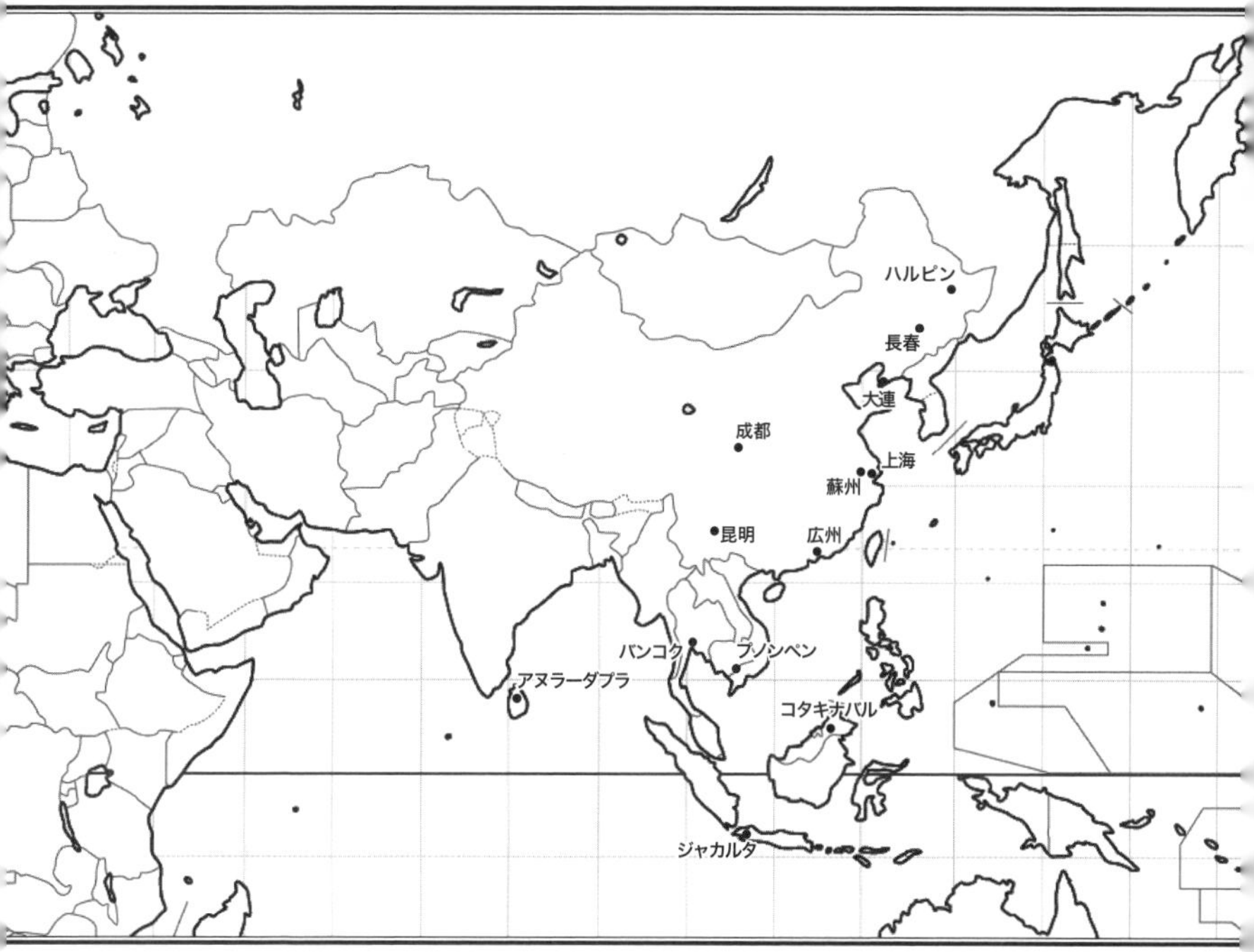
ハルピン
長春
大連
成都
上海
蘇州
昆明
広州
バンコク
プノンペン
アヌラーダプラ
コタキナバル
ジャカルタ

中国

アムールトラ（東北虎林園《ドンペイフーリンユエン》）

一九九九年八月、中国の東北部を十日間ほど旅行した。ハルピンは黒竜江省《ヘイロンチャン》の省都で、ロシアのシベリアへ通じる交通の要所でもある。帝政時代のロシアの影響が強く、欧風の建物も数多く残っているが、一方で戦前の日本支配時代の面影も残している。

東北虎林園はハルピン北方の郊外にあるトラだけを飼育している動物園。一・五平方kmの園内に数十頭のアムールトラが放し飼いにされ、来園者は窓に金網の付いたマイクロバスや四輪駆動車で園内を廻る、いわば中国版サファリパークだ。入場料は大人三十三元（当時のレートで約四百八十円）。中国の物価を考えると動物園の入場料としては少し高い。

私の乗ったマイクロバスは、園内に設けられた未舗装の道路をゆっくり巡っていく。時々草むらの中に潜むトラや池の水に浸かったトラの姿を見かける。少し広くなった砂地でバスが止まった。その時別の車の係員が、助手席に縛っておいたニワト

アムールトラの成体

リを窓から外へ放り投げた。すると草むらにいたトラがやおら立ち上がり、猛然とそのニワトリに向かってダッシュした。トラは両前足でニワトリを抱え込むと、羽毛をむしって食べ始めた。バスのお客から一斉に歓声が上がる。私も写真を撮ることさえ忘れてその光景に見入っていた。

どうやらこれは、他の団体客がニワトリを購入し餌として託したものらしい。入り口で入場料の他に、「鶏百元・山羊三百元・仔牛千元」という張り紙があったのはこのことだったのである。私は偶然にも、餌を購入した団体客と同伴するという幸運に巡り合わせたらしい。

ニワトリを捕らえたトラ

この動物園ではトラの繁殖も試みており、建物の中には子どものトラだけを飼育する施設もあった。そこでは「子どものトラを抱っこして写真を撮る（五元）」といったサービスもあって、園の収益を上げる努力をしていた。

アムールトラは中国東北部から朝鮮半島北部、それにロシアの沿海州に生息するシベリアトラの一系統であるが、森林伐採による生息地の減少と密猟で絶滅が心配されている。中国ではトラを漢方薬として利用する風習があると聞くが、決してそのような利用のされ方ではなく、ここで繁殖されたトラが自然に帰され、野生個体の増加につながってくれたら、と願わずにはいられない。

パンダを観る（成都《チョントゥー》動物園・昆明《クンミン》動物園）

日本に初めてパンダ（ジャイアントパンダ）が来たのは、確か昭和四十年代の後半だったと思う。日中国交が正常化し、時の中国の首相周恩来が記念にパンダを日本に贈ったのである。中国のパンダ外交の奔《はし》りである。東京の上野動物園で公開された当初、大変なパンダブームが起き、パンダ舎の前は長蛇の列ができたという。私が初めてパンダを見たのもこの上野動物園。大学時代のことである。しかし長い列に並んでやっと見たパンダの姿は、ガラス越しに遠く眠っている白い背中だけで、欲求不満に陥るほどあっけないものだった。

成都動物園のパンダ

パンダは中国でも人気者である。大都市のたいていの動物園で飼育されている。日本のように冷暖房完備の完全密封の部屋で飼育されているわけではなく、ごく普通の飼育場で見ることができる。それでも他の動物より生活空間が広く、手厚く世話をされているのは多くの来園者を集めてくれるからであろうか。

中国の西部、チベット高原に近い四川省の山々は、野生のパンダが生息する地域として知られている。しかし中国でも、生息地の減少や環境悪化などで野生のパンダは減りつつあるという。そのせいか中国政府も昔ほどパンダを外国に渡さなくなった。その四川省の省都成都にある動物園の目玉はやっぱりパンダである。

四川省では、成都の北十五㎞ほどの場所にある「成都パンダ繁育研究基地」が有名で、そこまで行けば成体だけでなく、子どもや赤ちゃんパンダにも会えるらしい。しかしそこまで足を延ばすと一日掛かりとなるので、身近な成都動物園で諦めることにした。それでもこの動物園のパンダ舎には十頭以上のパンダが飼育されている。これだけいると寝ている個体だけでなく、歩き回ったり寝転んでじゃれ合ったりしている個体もいる。幸いすぐ近くまで寄ってきて寝そべった個体を見ることができた。やはりその仕草は愛らしい。パンダの人気が高いのも頷けるというものだ。

パンダの仲間はジャイアントパンダだけではない。四川省やその南の雲南省には、赤茶色で小型のレッサーパンダが生息している。以前日本のある動物園で、楓太という名のレッサーパンダが二本足で立ち上がって歩く（？）というので話題になったことがある。レッサーパンダは天敵から身を守るため、立ち上がって周囲を警戒するという習性があるので、立ち上がること自体珍しいものではない。レッサーパンダも野生の個体は減少していると聞くが、ジャイアントパンダほど有名ではない。愛らしい仕草という点ではやはりジャイアントパンダの方に軍配が上がるらしい。

昆明動物園のレッサーパンダ

ラクダの赤ちゃん（長春《チャンチュン》動物園）

中国吉林《ジーリン》省の省都・長春の郊外にある動物園は特に何の変哲もない普通の動物園で、トラやゾウなどが狭い檻の中で飼育されている。写真のラクダの赤ちゃんは広場のような所に一頭だけ繋がれていたもので、母親がいないせいか不安な面持ちで佇んでいた。母親がいたら絶対赤ちゃんに人を寄せ付けないだろうから、近くで見るためには母親を遠ざけておくべきなのだろうがちょっと可哀想でもある。

長春動物園のラクダの赤ちゃん

ホワイトタイガー（昆明《クンミン》動物園）

ホワイトタイガーは、鹿児島市の平川動物園でも二頭の赤ちゃんが産まれて一時話題となった。動物園のトラといえば、たいていが昼寝ばかりで動き回る個体を見られることは滅多にないが、ここの個体は活発に歩き回って見物人を威嚇《いかく》したりして、見ていて面白い。飼われていたのは大人の個体が一頭だけだったが、ホワイトタイガーも絶滅危惧種であり、他の動物園の個体とペアリングをして子孫を

昆明動物園のホワイトタイガー

残して欲しいものある。

アシカのショー（大連《ダーリエン》・聖亜海洋世界《ションヤーハイヤンシージェ》）

大連の南部にある星海公園の一角に水族館がある。中国の他、香港やニュージーランドの資本も入っているとかで、中国にしては近代的な設備を整えた水族館である。特に、大型の水槽内に人が歩ける透明なガラス製のトンネルを通した建物には、動く歩道も敷かれて大勢の観客で賑わっていた。屋外の大きなプールで行われるアシカのショーは、周りに観客席も設けられて楽しく観覧することができる。アシカもよく調教され、家族連れ中心の観客からやんやの喝采を浴びていた。

大連・聖亜海洋世界のアシカ

広州市動物園のクマ

クマ（広州市《コワンチョウ》動物園）

広東省《コワントン》の省都広州市は、人口一千万人を超える大都市である。亜熱帯気候で暑い日々が続くこの地で暮らすクマにとって、特に夏場は大変だろう。この動物園のクマ、最初見たときも帰る前に見たときも水の中にいた。心なしか体もふやけているように見える。
お疲れさん！

クマのショー（上海動物園）

同じクマでもこちらは炎天下、調教師の厳しい掛け声の中、必死に芸を披露していた。二本足でよちよち歩くだけではなく、自転車に乗ったり一輪車に乗ったりもする。普通このような芸では、上手くできるとご褒美として餌を与えられるものだが、このクマはなかなか餌をもらえず、最後は演技を止めてしまった。「調教師のお兄さん、労働改善にもっと努めてよ」と言いたげな表情が哀れを誘った。

上海動物園のクマのショー

◆コラム◆　①車のチャーターは慎重に

旅行先の街でいくつかの名所を廻るとき、一回一回タクシーを捕まえるのは実に面倒である。場所によっては流しのタクシーが全く見つけられないこともある。そんな時は、あらかじめタクシーなり車を一日か半日単位でチャーターしておけば便利だ。もちろん最初に時間と行き先、料金はしっかり決めておく必要がある。特に料金は紙に書いて相手に納得させておかねばならない。これまで何度かそのようにして車をチャーターし、旅行を楽しんできた。しかしどんなに注意しても、最後の料金支払いでトラブルが発生することがある。そんな経験を紹介しよう。

江蘇省《チアンスー》の古都である蘇州《スーヂョウ》は長江（揚子江）デルタの中心にあり、市内をいくつもの運河が流れ「東洋のベニス」と称される風光明媚な街である。一九九三年の八月、ちょうど鹿児島で八・六水害が猛威をふるっていた頃、私は蘇州の街を旅していた。もちろんこの時、中国の江南地方も前線が停滞して雨が多く、傘をさしながら観光する日も多かった。

中国や東南アジアの地方都市には、車のタクシーの他にオートバイの後席に乗るバイクタクシー、自転車の前か後ろに人が座って乗れる座席を設けた自転車タクシー（略して「輪タク」、ベトナムでは「シクロ」という）など様々な乗り物がある。最近でこそタクシーの多くはメーターが付いており、そこに提示された料金を払えばよいが、タクシー以外の乗り物ではメーターのないことがほとんどで、その場合は乗り込む前に行き先を告げ、料金を決めておかなければならない。そうしないと到着してから法外な料金を要求されることになる。

この輪タクで街を巡る

さて蘇州では、韓さんという名の若いお兄さんが操る輪タクを一日チャーターして、街の見所を巡ることにした。朝ホテル前で韓さんと料金を交渉し、夕方四時までの約束で百二十元（当時のレートで約二千三百円）でまとまった。この韓さん、とても親切だった。雨が降り出すと傘を差し出してくれるし、路上のスイカ売り屋に立ち寄ると、四元という地元価格で一個購入し、店のおじさんから包丁を借りて食べやすく切って渡してくれる。しかし最後になって人が変わった！いざ料金を払おうとすると、なんだかんだと言ってあと三十元余計に払えという。こちらは親切にしてくれたからチップとしてそれ位は余計に払うつもりでいたのだが、先に請求されると頭にくる。しばらくやりとりをして十元余分に払うことで決着がついた。最後になって後味の悪い思いをしたものである。

輪タクのお兄さん

この他ベトナムのホーチミンでも、シクロで同様な気分を害する出来事があった。どこの国でも、正式な免許を持たない白タクは利用しないほうがいい。しかし深夜に飛行機が到着して白タクしかいない場合もある。そんな時は事前の交渉を確実に行い、言葉に不自由するときは相手にメモさせるなどして証拠をとっておくべきだ。アジアでは、「外国人の旅行者は皆金持ちだから、少しくらい余計に払うのは当然」という考え方もあると聞く。自分は決して金持ちなどではないと思っていても、高い航空券を購入して飛行機に乗ってやってくる外国人は、毎日の生活に汲汲としている人々にとってはやはり金持ちに見えるものなのかもしれない。

東南アジア

自然動物園（カンボジア・プノンペン）

二〇〇七年の夏、カンボジアの首都・プノンペンから南へ車で一時間ほどの所にある自然動物園を訪れた。十年ほど前にやっと内戦の処理も終わり、平和の訪れたカンボジアに動物園があるということがはじめは信じられなかった。子どもたちが楽しめるような遊園地やテーマパークはまだ何もない国である。調べてみると、この動物園は内戦以前から存在していたらしい。ポル・ポト政権下で多くの動物が死んだり売られたりしてしまい、閉園状態が続いていたそうだ。終戦後の一九九九年に拡張工事を終えてリニューアルオープンし、今に至っているという。

敷地は広大で、各動物たちが入れられている檻も一つひとつがやたら広い。近年、日本の動物園は北海道の旭山動物園を筆頭に、様々な魅せる工夫をした展示をしている。単に檻の中に動物を入れ、どうぞ勝手に見てくださいというような見せ方では、誰も来なくなったのである。しかし、アジアのほとんどの動物園は、旧態依然とした展示施設である。特別な仕掛けは何もない。ありがたいのは、所々に動物の餌が売られていて、いつでも自由に買って与えられることだろう。日本の動物園では例外なく檻の前に「勝手に餌を与えないでください」という看板が掛かっている。餌をやることも動物たちと触れあう楽しさなのだが……。野菜や腐りかけたバナナやパパイアなど、売られている餌はたいてい草食動物用のもの。さすがに肉食動物用の餌は売っていない。アジアの動物園の動物たちにとって、見学者の与える餌は貴重な栄養源なのである。

入園料は大人二ドル。カンボジアにはカンボジアリエル（R）という通貨があるが、外国人は必ずアメリカドルでの支払いを求められる。当時のレートは一ドル＝約四千リエル。百ドルも両替すると、ぶ厚いリエル札の束を渡される。入園してしばらくすると、七人ほどの子どもが近寄ってきた。私の周りにまとわりつき、動物を指さしては何やら言ってくる。どうやらガイドをするつもりらしい。カンボジア語以外は全く話せない子どもばかりだが、一人だけ最も年長の十二、十三歳位の男の子が片言の英語を話す。片言で話をしながら園内を廻った。そのうち一人の子どもが、ヤシの実を差し出してこれを買えという。ヤシの実など東南アジアでは珍しくも何ともないので、いらないと言うがしつこく買わせようとする。どうやら動物の餌として買ってほしいらしい。いくらだと聞くと、なんと一個五ドル。高すぎる。道ばたの露店で買えば、五ドルで十個は買えるだろう。

今はまだ午前中である。夏休みの時期ではないし、彼らは学校には行っていないのだろうか。自分たちの大好きな動物園で押しかけガイドをしながら暮らしているの

ガイドの少年

かもしれない。結局ヤシの実は二ドルで購入した。すると彼らの一人がナイフを出してそれをいくつかに割り、動物にあげろとばかりに差し出してくる。園内を廻りながら、現れてくる草食動物たちに割った実をあげていくことになった。

買った餌を与える

二時間ほど園内を巡ったが、最後までついてきたのは四人の子ども。そのうち二人は聴覚障害があるようだ。いつも先回りして動物の状況をリーダーの年長者に伝えている。もう一人は自分を「みなし子」だと紹介した。四人とも着ている服はつぎはぎだらけのボロである。きっとガイド料を請求してくるだろうと思っていたが、出口が見える頃、案の定両手を差し出して料金を払えと言う。頼んだ覚えはないので無視しようかとも思ったが、いろいろ親切にもしてくれたし、いくらだと聞くと「一万リエル」（日本円で約三百円）だという。年長の子どもに金を払い、動物園を後にした。あれから九年、この動物園の動物のことは何も覚えていないが、押しかけガイドの子どもたちのことを忘れたことはない。

ラグナン動物園（インドネシア・ジャカルタ）

二〇一二年の夏にインドネシアのジャワ島を訪れた。ボロブゥドール遺跡などの世界遺産と、できれば野生の動物たちを観察したいという思いもあった。特にインドネシアの小スンダ列島の一角にあるコモド島には、コモドオオトカゲ（別名コモドドラゴン）という体長が三mに達する世界最大のトカゲが生息している。島は世界遺産に登録され、無断で上陸することはできない。訪れるには、近くのロンボク島から船内に寝泊まりして訪れる三、四日間のツアーしかない。予算と日程の都合でそれは早々と諦め、せめて飼育下の個体でもという思いでこの動物園を訪ねた。

ジャカルタの中心部から車で約一時間。園内はとにかく広い。各動物の飼育施設も広く作られており、狭い檻の中をウロウロしている動物は一頭もいない。広いスペースでストレスも溜まらないのであろう。どの動物ものんびり草をはんだりじゃれ合ったり、時には見物人へ近寄って珍しそうに人を眺めている個体もいる。ここの目玉はインドネシアやその周辺に固有のスマトラゾウやスマトラトラ、それにオランウータンだろうか。

目指すコモドドラゴンは、高さ一mほどのコンクリートで囲まれた敷地で飼われていた。中は一段低くなってトカゲが外へ這い上がれないようになっている。囲いの上には何もなく、上から自由に中を覗ける。中を見下ろすと、いた！　一、二、三

コモドオオトカゲ

……合計四頭のトカゲが地面の上をのっそりと這い回っている。体長は一・五m位、最も大きな個体で二mほど。長い舌をちょろちょろ出して周囲を見回しては移動している。そのうちの一頭が突然どっどっと駆けだしてこちらへ向かってきた。写真はその時のもの。私の姿が気に入らなかったのだろうか。やはりこんなやつと野生状態では出会いたくない。動物園で観察できたことで満足するとしよう。

スネークファーム（タイ・バンコク）

タイの首都バンコクの中心部にあるルンピニー公園の近くに、毒蛇の解毒剤や血清を研究開発する「タイ赤十字協会立の毒蛇研究所」がある。そこに併設された蛇の飼育施設がスネークファーム。ここでは毎日二回、毒蛇と飼育係の対決ショーが行われていた。写真のようにコブラなどの毒蛇を床に放し、彼らを威嚇して怒らせ、咬もうとする寸前に腕を引いてコブラの鎌首が空を切る様子を見せるのである。毎日彼らと付き合い、その習性をよく知る飼育係だからできる芸当。我々は少し離れた場所から怖々のぞき、写真を撮るだけだ。

タイコブラとの対決ショー

そのうち、二m位ある一匹のキングコブラが係員の目をすり抜

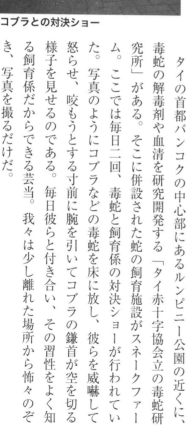

キングコブラ

けて我々見物人の方へ近づいてきた。「ワァー」と声を上げて見物人が引き下がる。その時決死の思いで撮ったのが上の写真。望遠なので実際は一mは離れていたのであるが、シャッターを押したとたん後ろへ飛び退いて尻餅をついた。尻は痛かったが安堵感の方が勝った。

やがて係員の一人がそのキングコブラを捕まえ、口を大きく開けさせた。別の係員が死んで皮をはいだ蛇を持ってきて、そのコブラの口の中に押し込もうとする。普通蛇は生き餌しか食べないが、ストレスを感じるとそれさえも食べなくなるという。このコブラもしばらく食べていなかったのであろう。十五分位かけてやっと一匹の蛇を飲み込ませるのに成功した。

ここでは別の場所で、四、五mはあるニシキヘビを首に巻いて写真を撮るサービスもある（一回五バーツ・約百五十円）。飼育員三人掛かりで蛇を持ち上げ、首にのせてくれる。私もやってみたがかなり重い。しかも蛇は体を洗ったりしていないので臭い。皮膚の表面には所々に五㎜ほどのダニも付いている。写真も撮っ

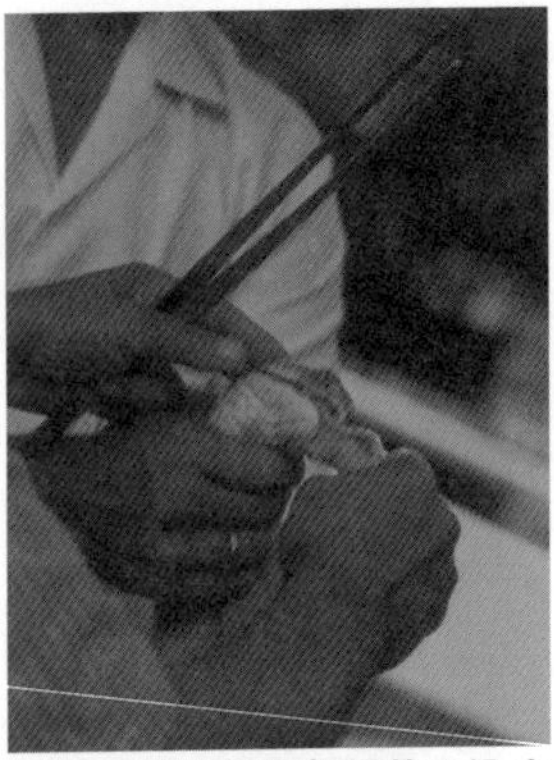

死蛇の餌を無理矢理飲み込ませる

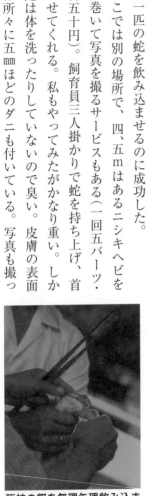

てもらったが、自分のカメラではなかったのでここに紹介できないのが残念だ。

スリランカの蛇使い

二〇一四年の八月、インド洋に浮かぶ島国スリランカを訪れた。北海道の八割ほどの面積に二千万人以上の人々が暮らすスリランカは、親日的な国柄で人々は底抜けに明るい。中心都市であるコロンボから二百㎞ほど北へ行った所に「古都アヌラーダプラ」がある。

紀元前五世紀から約千四百年間スリランカの首都であったこの街には、世界文化遺産に登録された古代の遺跡が集中している。トゥクトゥクと呼ばれるオート三輪タクシーをチャーターしてその遺跡地帯を観光して廻った日のことである。一つの遺跡を観て車に戻ろうとすると、向こうの木陰に一人のおじさんが座っている。数人の観光客が周りを取り囲み眺めている。「何をしてるのだろう」と思って近づいてみると、なんと童話などで聞いたことのある「蛇使い」ではないか！

スリランカの蛇使い

おじさんはだるいのか半分寝そべりながら笛のようなものを咥えている。周りを紐で繋がれた小さな猿が走り回り、なんとその横には二mほどの青緑色の模様をしたきれいなニシキヘビが這い回っている。「猿が蛇に呑まれることはないのか」といらぬ心配をしながら見ていると、おじさんはやおら前に置いていた籠の蓋を開け、笛を吹き始めた。「ピィ〜ヒャラ〜」と甲高い音色が響き渡る。籠の中にはコブラ。しかしいくら笛を吹いてもコブラはぴくりともしない。業を煮やしたおじさんはもう一つの籠を開け、さらに甲高く笛を吹き出した。こちらの方もぴくりともしない。「えぃ〜もう」と叫ぶやおじさんは、籠の中のコブラの頭をピシャリと叩き、さらに笛を吹き始めた。後から開けた籠の中からようやく蛇が鎌首をもたげてきた。しかし蛇も億劫そうである。しばらくゆらゆら鎌首を揺らしていたが、疲れてきたのか威嚇してもしょうがないと思ったのか、数分で籠の中に身を沈めてしまった。

諦めて籠の蓋を閉めたおじさんは、愛想笑いを浮かべながら見物人に手を差し出してくる。その頃には十人余りの観光客が周りを取り巻いていたが、誰もお金を渡そうとしない。こういうときは誰かが口火を切らないと……。百ルピー札（約八十円）を取り出しておじさんに最初にお金を渡したのは私であった。渡してからすぐ車に戻ったので、その後何人の人が金を渡したのかはわからない。それでも、これまで本の中でしか見たことのなかった「蛇使い」に出会えて満足した私だった。

街中はサルの天国（スリランカ・アヌラーダプラ）

これもスリランカのアヌラーダプラでの話。駅でコロンボ行きの列車を待つ間、駅前の広場の一角で一服していた。塀の向こう側で何か燃やしている。近づいてみると、家庭ゴミを燃やしているらしいが人は誰もいない。驚いたことに十頭ほどの白いサルと数頭の野良犬が一緒にゴミの中をあさっている。ゴミからは白い煙が上がり、所々チロチロと赤い炎も出ている。彼らは熱い火を物ともせずにゴミをあさっては、食べ物を取り出して口に入れている。時々火傷でもしたのか、指を口の中に入れて冷やすような仕草も見られた。元来、人以外の動物は火を恐れるはずである。たとえ怖い炎とはいえ、ゴミの中で餌を見つけた以上空腹には勝てないのであろう。炎をかいくぐって餌をあさっている姿に驚いた。もう一つびっくりしたのは、本来「犬猿の仲」といわれるほどサルとイヌは仲が悪いはず。しかし彼らが喧嘩もせずに、仲良く並んで餌をあさっている姿に感動した。

ゴミ溜めで餌をあさるイヌとサル

アヌラーダプラでは野生のサルと野良犬をよく見かけた。私が泊まっていたホテルでも、近くの湖畔林からカニクイザルの群れが訪れ、走り回っていた。このホテルには三泊したが、毎朝サルの吠え声で目を覚ましたものである。街では中心部の繁華街以外どこでもサルが出没している。街の人々は、サルを見ても別に驚くこともなく普通に接しているように見える。日本だったら、サルが街中に現れようものなら大騒ぎになって、消防や警察、猟友会まで出動した捕り物が始まることだろう。

野良犬も多い。路上を普通にイヌが歩き回っている。首輪を付けたイヌを街で見かけることはない。イヌたちも自分達の立場をよくわきまえているのであろう。街中では群れることなく、単独でとぼとぼと歩いていたり、まるで店番のように店の前に座って通る人々を眺めていたりする。人とすれ違う時は、たいていイヌの方が道をよける。私も何度かすれ違ったが、眼を伏せて足早に通り過ぎるのは決まってイヌの方であった。ただ、郊外では別である。本来イヌも群れをつくって生活する動物。市街地を少し離れた広い草地で、十数頭のイヌが群れで移動しているのを見かけた。夜間は気をつけた方がいいかもしれない。

駅前で見かけたサルは、スリランカ固有のハイイロオナガザル。スリランカではごく普通に見られるサルだそうだが、それでも街中で悪さをすることはないのだろうか。スリランカは仏教とヒンドゥー教の国（イスラム教徒も多い）。これらの宗教では、むやみな動物の捕獲や殺傷を禁じている。特にヒンドゥー教ではサルも神の化身である。彼ら動物たちもそれを知ってか知らずか、人々と仲良く接することを心情としているに違いない。「人と動物との共存の姿」を、このアヌラーダプラの街で見たような気がした。

ハイイロオナガザル

ローン・パイン・コアラ・サンクチュアリー（オーストラリア・ブリスベーン）

アジアではないが、印象に残った動物園施設ということでオーストラリアにあるこの施設を紹介する。クイーンズランド州の州都ブリスベーンは、ゴールドコーストの玄関口に当たる亜熱帯の緑豊かな都市である。訪問した八月は南半球にあるため冬の季節だが、ブリスベーンあたりの緯度だと特別寒く感じることはなく、昼間は半袖。夜は薄手のジャンパーを羽織る程度で十分だ。そのブリスベーン中心部から南西に十一km離れた所にあるのが「コアラ・サンクチュアリー」。一九二七年開園の古い施設で、その名の通りコアラが百頭以上飼育されている、オーストラリアでも最大のコアラ園である。

市の中心部クイーンズ通りのバス停から路線バスで約三十分。目指すローン・パインに到着。入場料十二・五ドルを払って園内に入る。ここは単にコアラを見せるだけの場所ではない。病気や事故で野生生活ができなくなったコアラを保護し、治療を施して野生に戻したり、孤児となったコアラの赤ちゃんを親代わりになって育てるなど、コアラの保護・繁殖も兼ねた施設なのである。園内ではコアラの生態や生息状況、保護のあり方などについての説明があったが、早口の英語でさっぱりわからず、そそくさと説明会場を出て飼育舎に入った。コアラは鹿児島市の平川動物園でも見たことがあるが、さすがに本場は違う。冷暖房完備の飼育舎をガラス窓の外側から見るだけの平川動物園とは違って、ここは露天の飼育場。広い園内にユーカリの木が何本も植えられ、数十頭のコアラが飼われている。ゆったり木登りをしているもの、無心に葉を食べているもの、あるいはぐっすり眠っているものなど、これだけ個体数が多いと多様な生態を見ることができる。

またこの施設では、コアラだけでなくオーストラリアに住む他の動物たちも多数飼育されていた。犬に近いディンゴ、ウォンバット、ハリネズミ。大型のカンガルーやワラルー、ワラビーなどの有袋類は放し飼いで触ることもできる。インコやオオコウモリ、ワライカワセミ、エミューもいる。さらにここの目玉は、十ドル払うとコアラを抱っこして記念写真を撮ってくれること。もちろん私も挑戦した（写真参照）。コアラを抱っこしていると、向こうも緊張しているのがよくわかる。彼（？）の爪が背中に食い込んでちょっと痛い。屋外ではワラルーに買い求めた餌をやってもよいという。そっと近づいて恐る恐る餌を差し出したが、満腹しているのか、餌が気に入らないのか食べてくれなかった。この施設はコアラにお近づきになりたい人にとっては最高の場所だと思う。機会をつくってぜひ行ってみてください。

コアラを抱っこ

◆コラム◆　②自然探検ツアーを楽しむ（オーストラリア・ケアンズ）

オーストラリアは一度行ったきりだが、実に旅をしやすい国だ。価格交渉の必要はないし、ぼられる心配もない。治安もよく、小中学生くらいの子どもがいる家族は、ぜひお金を貯めて行ってみることをお勧めする。自然を満喫したいなら、北東部のクイーンズランド州が便利で各種のツアーが整っている。日本人の観光客も多いので、日本語ガイドが同伴する子ども向けの動物探検ツアーが充実している。一九九八年の旅では、香港経由で赤道に近いケアンズの街を訪れ四泊した。ここでは、昼の二時頃出発して夜九時に帰着する「どきどき夜行性動物探検ツアー」という日本人向けのオープンツアーに参加した。一台のバスに乗った二十人ほどの客は、すべて日本人。ガイドも日本語で説明してくれるのでわかりやすい。海岸近くの熱帯雨林から内陸の乾燥したアサートン高原・ユーカリ林など、いろいろな環境の自然を巡りながらその土地特有の動物たちに触れ合うという企画である。餌付けされたワラビーに餌をあげたり、小さな川にカモノハシを見つけに忍び寄ったり、暗くなると夜行性のオポッサムとの遭遇や南十字星を見つける星空観察など。一時も飽きさせることなく、それこそ

ロックワラビーと日本の子ども

シロアリの巨大アリ塚

「わくわくどきどき」の連続である。最後はキャンプ地でバーベキューの夕食。大人の我々でさえ十分楽しめたのだから、子どもたちにとっては一生忘れることのできない体験になることだろう。見かけた動物の姿よりも、参加した日本の子どもたちの目の輝きの方が印象深く心に焼き付いている。

熱帯河川でのリバークルーズ（マレーシア・サバ州）

二〇一五年の八月、十二年ぶりにボルネオ島を再訪した。サバ州の州都コタ・キナバルは治安もよく、周辺のキナバル公園や熱帯林へのオープンツアーが充実しており、短期間で熱帯の自然を楽しめるからである。六日間滞在して、前にも訪れたキナバル公園やポーリン温泉、キャノピーウォークなどを楽しんだ。

熱帯河川のボートクルーズ

今回紹介するのは、コタ・キナバルから車で二時間ほど南へ下ったボーフォートという町の郊外を流れるクリアス川でのボートクルーズである。参加した三十人余りの一行はバスで船着き場まで行き、そこで平底の舟に乗り換える。我々は人数が多かったので、二層甲板の大型船だった。船はゆっくりと川を下る。川幅は二十〜三十mほどで茶色に濁っており、ゆったりと流れている。

川の両側は高さ十mほどの河辺林に覆われているが、その向こう側は畑や荒れ地が垣間見える。ボルネオでも熱帯林の多くがなくなってアブラヤシなどの農地に変わってきている。クルーズの目的は野生のテングザルを観察すること。特に夕方になると、サルの群れが川沿いの樹上で採食する姿が見られるらしい。

なるほど、船は何回もテングザルの姿を見つけては停船する。その度にツアー客はカメラを構えて、二階の甲板から盛んにシャッターを切る。私も購入したばかりのデジタル一眼レフに二百ミリのレンズを取り付けて写真を撮った。サルは遠くの樹幹に座って、忙しく木の葉をむしっては口に入れている。ただ葉陰にいる個体ばかりで全身を捉えることはなかなか難しい。十数枚撮って何とか全身の姿を捉えたのが下の写真である。

樹上のテングザル

次第に暗くなってきて、サルの姿を見つけるのが難しくなってきた。やがて船は向きを変え、もとの船着き場へ向かって川を上り始めた。熱帯の落日は早い。日が沈んだかと思うと急速に暗くなる。次はもう一つの目的であるホタルの観察だ。この辺りのホタルは無数の個体が一本の樹に集まって点滅する。前回幾万というホタルが集まって、まるでクリスマスツリーのようにいっせいに点滅する様子を見ていたので、今回もこれが見られるものと期待していた。しかしホタルは空振りに終わった。光っている個体が多少はいたものの、とてもツリーのようにはいかない。時期が悪かったのであろうか。前回は七月上旬で、今回は八月中旬。船員に聞いてみたが、理由は最後までわからなかった。

「躍動する野生動物の姿を生で見たい」という気持ちは、生物が好きな人なら誰でも抱く欲求だろう。しかしこれが実に難しいことだというのは、実際に彼らが生息する場所にやってきてもなかなか見られないことでよくわかった。テレビなどで見る野生動物の姿は、最新の技術を駆使して何週間、何カ月という期間をかけてやっと捉えられたものなのである。

動物園に行くと、この欲求を少しは満足させてくれるものの、檻の中の彼らの姿に野生は感じ取れない。それでも生の姿を直接見ることで、多少は欲求を満たすことができる。予算や旅行期間に制限のある個人旅行者としては、オープンなエコツアーに多少の期待を寄せて参加し、それが無理なら動物園で我慢することで満足しなければならないのかもしれない。

また、観察できた野生動物の多くが、生息地の減少など厳しい環境のもとで生活していることを知った。その多くは絶滅危惧種にも指定されている。世界の動物園は、単に人に見学させるだけでなく、「繁殖」と「野生への復帰」も期待されている。健闘を祈りたい。

第五章　アジアの博物館

私は高校理科（生物）教諭として三十六年間県立高校で勤務してきたが、その途中の六年間、鹿児島県立博物館に出向して働いた。学芸主事として、企画展示や教育普及活動、さらに県内の植物資料の調査研究や収集にも携わってきた。そのため海外を訪問した際は、なるべく博物館を訪れるようにしている。もちろんそれ以前でも、面白そうな博物館があったら見学していた。博物館の展示物には多様な分野があるが、私が最もよく訪れたのは、当然のことながら自然史系か自然史を含む総合的な博物館である。特にその国の首都にある国立の博物館には、その国の自然を幅広く紹介する展示コーナーがあり、手っ取り早くその国の自然に関わる知識を得ることができる。とはいえ、アジア各国のそれらの施設の多くは日本に比べると貧弱で、展示内容も設備も旧態依然としたものが多い。また現地語の説明はちんぷんかんぷんで、多少は見られる英語の解説文も、私の英語力不足もあって十分理解できないことがほとんどである。それでも訪れた博物館の中には、今でも展示物の姿が脳裏にありありと浮かび上がってくるような印象深い場所もある。

博物館は、その国の文化の度合いや経済的水準を表す指標の一つと考えていいのではないだろうか。博物館のあり様をとおして、その国を理解するのもまた面白い。

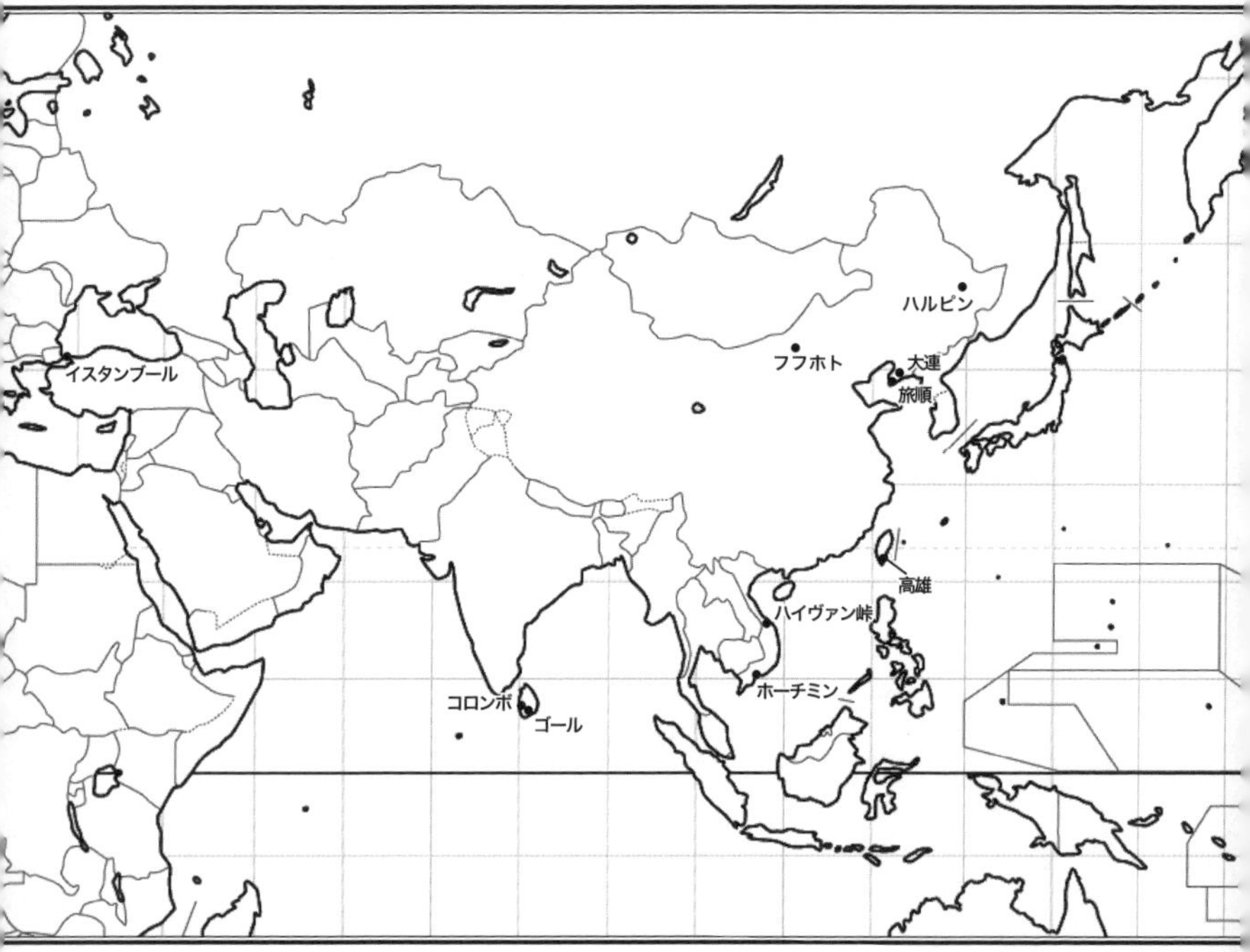
イスタンブール
ハルピン
フフホト
大連
旅順
高雄
ハイヴァン峠
ホーチミン
コロンボ
ゴール

侵華日軍第七三一部隊罪証陳列館《チンホアリージュンディーチーサンヤオブードイチェンリエグアン》（中国・黒竜江《ヘイロンチャン》省・ハルピン）

前章で紹介した東北虎林園と同じ一九九九年八月に訪問した施設。太平洋戦争中、日本軍が毒ガスや細菌兵器の研究を進めた、悪名高い七三一部隊の研究施設跡に建てられた博物館である。ハルピン市街から南へ約二十km離れた場所にあり、周囲はコウリャン（モロコシ）やトウモロコシ畑が一面に広がっている。

当時の建物が残る裏手に近代的な二階建ての陳列館がある。内部には当時の写真や資料の他、人形なども用いて拷問や実験の様子を再現し、七三一部隊の行った非道な行為を展示している。館内の写真撮影は禁止されていたので、展示の様子を示せないのは残念であるが、日本軍の非道さをこれでもかというほど徹底的に展示しており、反日教育の場として使われているのかもしれない。現地まで乗せてくれた白タクの運転手も、この施設が旧日本軍のものであることを知っているのだろう。車を降りるとき私を指さして、日本にかかわりがあるという素振りを見せた。

731 部隊施設跡

◆コラム◆　①ハルピン名物三鮮餃子

ハルピンは、帝政ロシアの影響を受けていたこともあって、昔からロシア料理が有名でいくつかの老舗もある。しかし私が楽しみにしていたのがもう一つのハルピン名物「餃子」である。この日一日チャーターした白タクの運転手に頼んで、有名な三鮮餃子の老舗「老都一処飯店」に連れて行ってもらった。老舗とは言っても高級店ではなく普通の食堂で、ちょうど昼食時だったこともあって多くの客で混雑していた。

注文したのは、具や味付けの異なる三種類の餃子。中国では餃子といえば「水餃子」。日本でよく食べられる「焼き餃子」はあまり見かけない。皮はやや厚く小粒であるが、熱々の餃子をほおばると濃厚な肉汁が口の中に広がって何とも美味である。豚肉だけでなく小エビの入ったものもあり、三種類とも異なる味付けで食べる人を飽きさせない。さらに独自の香草も入っていて、香りや味に一役買っている。

三鮮餃子

付け合わせとして、スープとジャガイモをスライスしてカラッと揚げたものも多量に出てきた。中国でもこの東北部は低温で水利も悪いので、米作は全く行われていない。注文すれば米の飯も食べることはできるが、主食は馬鈴薯や小麦粉で作った「饅頭《まんとう》」である。肉まんやあんまんといったたぐいのものではなく、中身は何も入っていない饅頭。これを主食に唐辛子のきいたおかずを食べる。ホテルの朝食会場であったスタイルから、これがこの地の朝食の王道なのだろうと思い、あえて饅頭で朝食は済ませた。

内蒙古《ネイモンクー》博物館（中国・内蒙古自治区・フフホト）

二〇〇二年の九月初旬、北京から国内線で北西に約一時間のフライトで、内蒙古自治区の区都フフホトへ到着した。草原地帯の真っ直中にあるこの街は、碁盤の目に区画された通り沿いに近代的ビルが建ち並ぶ人口六十万人ほどの中都市である。ステップと呼ばれる草原地帯の自然を見るためにこの地を訪れ、フフホト市内の安ホテルにベースを置いて活動した。草原地帯の話は第二章で紹介したので、ここでは市内にある区立の総合博物館を紹介する。

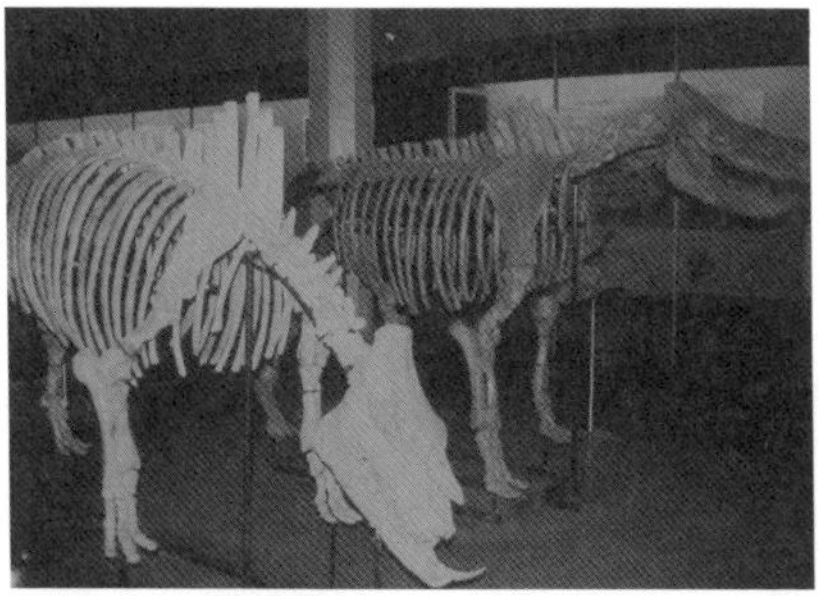
復元された恐竜化石

この館の展示物は、中国としては珍しく自然史の内容が充実していることにある。とはいっても、自然史のすべてがこの地で発掘された恐竜に関するもの。そう、モンゴルは内も外も中生代の地層が地表に露出している世界でも有数の恐竜化石の産地である。恐竜化石の復元模型はたいていそのほとんどがレプリカ（模造品）であるが、ここの骨格標本は本物の化石が使われ、しかもその割合が高い。恐竜の種類も多様で、竜脚類と呼ばれる四つ足の草食恐竜から二足歩行をする肉食の鳥盤類まで多数出土し、最大のものは頭から尾の先まで二十mを超す骨格標本も展示されていた。

しかしせっかくの貴重な化石も復元して置いてあるだけで、周囲を当時の環境に合わせて飾るなどの工夫は全くなされていない。最大の恐竜化石に至っては、体育館のような広い場所にただ置いてあるだけで解説さえない。この化石の価値が十分知られていないのか、それとも飾り付ける予算がないのか、いずれにしてももったいない話である。私が見学していた一時間余りの間、他の見学者には誰一人として出会わなかった。この博物館では写真撮影の制限がないことを幸いに、ストロボを焚いて幾枚かの写真を撮ることもできた。

大連自然史博物館（中国・遼寧省《リャオニン》・大連《ダーリエン》）

中国で「自然史」と銘打った博物館は滅多にない。しかも訪れた一九九九年の直前に新装開店というのであるから、訪れない手はない。期待に胸を膨らませて訪問した大連自然史博物館だが、これほど期待を裏切った博物館も珍しい。

館は大連市の南西、風景区として有名な星海公園の一角に建っている。ほんの一カ月前にできたばかりの建物はまだ真新しく、周辺の庭も裸地が目立つ。館内はエントランスホールの企画展示以外は写真撮影禁止で、展示物の紹介は何もできないが、たとえ可能でも写真を紹介する気は起こらないであろう。

唯一撮影を許された企画展示は、なんと奇形で生まれた胎児

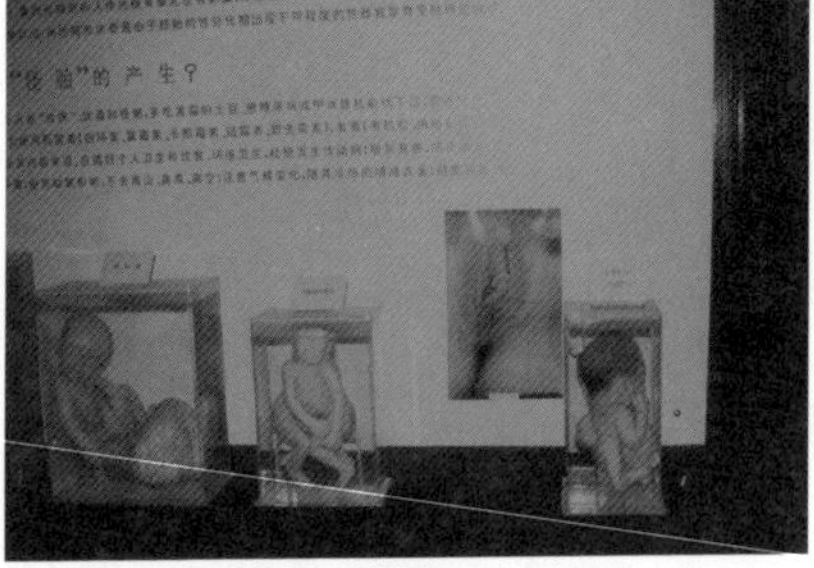

企画展　奇形胎児の標本

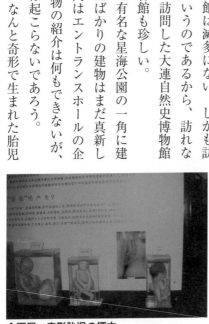

や未熟児のホルマリン標本とその解説。人権を無視したこの企画。何やら「物珍しさを追求した人間の興味本位」だけを露呈したような企画で、今の日本では考えられないものだ。

国立科学工芸博物館《グオリークーシュエゴンイーポーウーグァン》（台湾・高雄《ガオション》）

台湾の首都台北から国内線で五十分、台湾の南端にある高雄はこの国第二の大都市である。国立の科学博物館があるということで、旅に出る前からぜひ訪れてみたいと思っていた。建物は近代的で地上四階、地下一階の堂々たるものである。高雄の街中でこの博物館のＰＲポスターを何枚も見かけていたので、宣伝も活発にやっているらしい。

入場券を購入して館内に入る。とたんに「ヒュー……ドロドロ」という異様な音がスピーカーから流れてくる。さらに時折、「キャー！」とか「ワァー」とか、叫び声まで響いてくる。いったい何が起こったのか初めはわからなかった。玄関を入った中央の広いエントランスホールに、プレハブ造りの新たな施設が作られている。異様な音も叫び声もそのプレハブの中から聞こえてくるようだ。なんとそこは急ごしらえの「お化け屋敷」。もう九月の下旬だったのだが、亜熱帯の台湾は年中夏みたいなもの。この国では、涼を求めたお化け屋敷も博物館の客寄せに利用されているらしい。いきなり気分を害してしまったが、そこは無視してエレベーターで二階の展示室へ上がった。

台湾はアジアとはいえ、日本に負けず劣らず科学立国を目指している国である。コンピュ

国立科学工芸博物館・正面

ーター関係の工業も盛んだ。展示内容の中心は、台湾における現代科学の粋を集めた工業化の発展の過程を実物やパネルで細かく紹介していた。残念ながら台湾の自然を紹介するようなコーナーはなく、しかも写真撮影禁止で多少がっかりしながら最上階の映像ホールへ向かった。ポスターで宣伝していたのは、このホールで上映している3Dの映画だったからである。別料金を払い、3D用のメガネを渡されてホールに入る。中は意外に広く、五百〜六百人は収容できそうである。平日だったこともあり、観客はまばら。画面を正面に見られる中央の椅子に腰を下ろす。やがてホール内が暗くなり映画が始まった。内容は何人かのキャラクターが失敗を繰り返しながら、協力して成し遂げる子ども向けのアニメ。昔テレビで放送されていた『トムとジェリー』を思い出した。音声はもちろん台湾訛りの中国語である。英語の字幕もない。それでも内容が単純なためか、ストーリーはだいたい理解できた。3Dが売り物だからキャラクターが飛び出してきたり、空を飛ぶシーンなどでは自分が飛んでいるような気になる。けっこう面白い。これまで鹿児島で3Dの映画など見たことがなかったので（二〇〇一年までに鹿児島で3D映画が上映されたことがあったかは不明）、十分楽しめた。

この旅行中は悪天候が続き、一週間台湾で過ごして一度も太陽を拝むことはなかったが、この博物館は入り口のお化け屋敷はともかく、印象に残った博物館の一つである。ちなみにこの博物館の入場料は百元（約三百五十円）。３Ｄ映画の入場券も同額であった。

トプカプ宮殿（トルコ・イスタンブール）

トルコ一の大都市イスタンブール。旧市街の金角湾に面した一角に、オスマン朝時代の支配者の居城として建設された壮大なトプカプ宮殿がある。広大な敷地にはイスラム教のモスクを彷彿とさせる本殿の他、王や王妃の私室、側室たちのハレム、宮廷料理を創りだした調理場、使用人の住居など数多くの建築物が一つの街のように集まっている。ここは共和制となった二十世紀前半から、王朝の歴史と秘宝を伝える博物館として公開されるようになった。

展示物は様々な王朝時代の調度品で、歴代の王や王妃が使った家具や衣類、陶磁器など。世界各地から集められた芸術性の高いコレクションは見る者を圧倒する。それらの展示物の中で最も人気が高く、大勢の見学者が列をなして並んでいるのが「宝物館」。特に第四の部屋には、王朝の秘宝というべき宝物が展示されている。一つは「スプーン屋のダイヤモンド」と呼ばれるドロップ状のダイヤ。八十九カラットの大きなダイヤの外側に、四十九個の小さなダイヤが取り囲んでいる。時価いくらになるのか検討もつかないという。もう一つは王が謁見の際に身につけたといわれる「トプカプの短剣」。直径二㎝位のエメラルド三個が柄の部分にはめ込まれ、金時計も付いている。この他、重さ三kgもある世界最大のエメラルドもあった。光り物の

トプカプ宮殿・正面

宮殿から眺める金角湾

好きな女性にとっては垂涎《すいぜん》の的だろう。宝石の前でいつまでも動かず、見学者のひんしゅくを買っていたのは圧倒的に女性が多かった。この宝物館、館内は一切撮影禁止で、それらの宝物を写真で見せられないのが残念でならない。宝物館の警備は特に厳しく、出入り口はもちろん、先ほどのお宝の前にも一人ずつ拳銃を携行した警備員がいかめしい顔で立っている。とても隠し撮りができる状況ではなかった。

番外編（戦跡など）

日露戦争戦跡（中国・遼寧《リャオニン》省・旅順《リュイシュン》郊外）

一九九八年暮れのニュースで、これまで外国人の立ち入りが制限されていた旅順郊外の日露戦争戦跡が外国人旅行者にも開放されたと聞いた。この一報で私の翌年の訪問先が決まった。

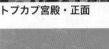

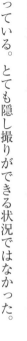

大連市内から車で一時間ほどかかる旅順戦跡を訪れるには、オープンツアーに申し込むか車をチャーターするしかない。ホテルのフロントで相談すると、チャーターしかないという。料金は半日で三百元（約四千三百円）。中国の物価を考えるとかなり高いと思ったが、白タクでトラブルよりいいかと思い借りることにした。こんな時は単独旅行者より割り勘にできるグループ旅行の方が安くつく。

　朝八時半、予定通りに運転手が現れる。名前は陳さん。日本語はもちろん英語も全く話せず、筆談で行程を確認する。車はなんとアウディの高級車。一人で後部座席にふんぞり返り、しばしセレブ気分を味わう。

水師営会見所

　ホテルを出て約一時間で、最初の訪問地「水師営会見所《シュイシーインホイジエンスオ》」に到着。ここは一九〇五年、日露戦争後に乃木将軍とロシアのステッセル将軍が会見を行った場所である。当時の建物がそのまま残されており、日本とロシア側の控え室やステッセルが乃木へ贈った白馬を繋いだというナツメの木もある。しかし百年前からある木にしてはちょっと小さすぎるような気もする。二代目なのかもしれない。

　再び車で移動して十五分後に「二〇三高地《アルリンサンガオディー》」の駐車場に到着。猛暑の中、山頂まで稜線上の舗装路を三十分ほど歩く。山頂にあ

203高地からの旅順港

放置された旧式の高射砲

る慰霊碑は、双方の銃砲弾の薬莢《やっきょう》を溶かして作ったものだそうだ。山頂からの眺めはすばらしい。遠く南方には、旅順の町並みと港が眺められる。旅順港は現在も中国海軍の基地として使われているため、外国人の立ち入りが厳しく制限されているのだという。山頂近くには、なんと中国軍の旧式の高射機関砲が放置されていた。中国人の家族連れがそれに乗って遊んでいる（私も乗ってみた）。この二〇三高地はつい最近まで旅順港を防衛する対空陣地だったのである。兵器が旧式となり防衛上の意味がなくなったので軍は引き払い、外国人の立ち入りを認めるようになったのであろう。

戻り際、茂みの中にロシア軍が構築したと思われる塹壕《ざんごう》の跡が見えた。夏草の陰に見え隠れする古ぼけた長い塹壕を見て、「亡くなった何万人もの将兵の魂が安らかでありますように」と祈らずにはいられなかった。そして昼過ぎにはホテル帰着。わずか四時間にも満たない駆け足行程だったが、目的の見所は廻れたので満足した。車を降りる際、運転手の陳さんにチップを渡そうとしたが受け取らなかった。チップをもらうほどのことはしていないと思ったのだろうか。珍しいこともあるものである。やはり車をチャーターする時は白タクではなく、ホテルや旅行社に依頼した方が無難だと思った。

ベトナム戦争戦跡（ベトナム・ハイブァン峠・ホーチミン）

ベトナム戦争といっても、今の若い人には歴史上の一出来事にしか思えないことだろう。もちろん私にとってもベトナム戦争に直接かかわったわけではない。しかし中高校生の頃、新聞やテレビのニュースでベトナム戦争のことが取り上げられなかった日はないと思えるほど、話題になった身近な出来事だった。

アメリカ軍による北爆の様子や枯れ葉剤による森林破壊。沖縄のアメリカ軍基地からベトナムへ送り出される兵士たちの緊張した顔つき。そして日本国内でも盛んに行われた反戦デモと機動隊との衝突……。特に、一九七五（昭和五十）年、北ベトナム軍と解放勢力が南ベトナムの首都サイゴン（現ホーチミン）に侵攻し、陥落させた時のニュース映像は心に焼き付いている。

そんなベトナムを最初に訪れたのは、南北が統一されてから二十二年経った一九九七年の夏である。首都のハノイから世界遺産ハロン湾へのツアー、それから寝台列車でフエへ行き、ダナンから国内線の飛行機でホーチミンへ至るベトナム縦断十日間、職場の同僚三人連れの旅であった。

旅行中、街中にベトナム戦争を思い出させるような跡や話を聞くことはほとんどなかった。戦後二十二年経って、ベトナムはドイモイ（刷新）政策により経済は発展しつつある。日本との輸出入も伸び、市中は活気に満ちあふれていた。この二年前にかつての敵国アメリカとも国交を正常化し、我々外国からの旅行者はベトナム通貨のドンではなく、アメリカドルでの支払いを求められる。それでもベトナム戦争はベトナム国民にとって今なお忘れられない悲惨な出来事であったに違いない。

旅行中最初に見た戦跡は、中部のフエから車でダナンへ向かう途中に見たハイヴァン峠のトーチカ跡である。中部のフエは日本で言えば京都や奈良に相当する古都だが、一九六六年にこの付近でテト攻勢と呼ばれる激しい戦いがあった所でもある。この辺りは十九世紀初頭に造られた砦があった場所で、その後第二次世界大戦時に旧日本軍が使用し、ベトナム戦争時には南ベトナム軍がトーチカとして改造・使用したものである。放棄されて二十年以上経ったトーチカ。コンクリートは半分は崩れ落ち見る影もないが、周囲を歩くと今にも銃砲撃の音が聞こえてきそうな雰囲気がした。

ハイヴァン峠のトーチカ跡

ホーチミン市に入ると、戦跡は観光名所として利用されていた。市の郊外にあるクチという町には、ベトコンがゲリラ戦術

戦争博物館の戦車

枯葉剤による奇形児標本

で使用したトンネルが残り、大勢の海外からの観光客で賑わっている。我々は市内の戦争博物館を訪れ、当時の兵器や、爆撃で使われた枯れ葉剤による被害を表した展示品を見た。奇形で生まれ、ホルマリン標本となった幾人もの赤ん坊。単に興味本位で飾られたものではなく、戦争の悲惨さを後世に残す証拠として訪れる人に訴えかける迫力を感じた。

◆コラム◆　②子どもの物売りには要注意（ベトナム・ハノイ）

観光地を訪れると多数の土産物売りにつきまとわれる。大人も多いが子どもも決して少なくない。学校にも行かず生計を立てるためにやむを得ず売り子をしているのかわからないが、同じ物を売るにしても大人より子どもの方が哀れさを誘うのか、つい買ってしまう観光客が多い。「シェンエン、シェンエン、シェンエン！（千円のこと）」と呼びかけながら、百円もしないような薄汚れた絵はがきや地図を掲げて迫ってくる。隙を見せると、財布など懐中物を掏《す》られる恐れもあるの

編み笠売りの女の子

で要注意。ホーチミンの観光地で同僚が数人の子どもに取り囲まれ、いつの間にかウエストポーチからベトナムの紙幣を抜き取られていた（数百円ほどの被害）。

写真は、ハノイのホアン・キエム湖からセント・ジョセフ教会への道すがら、まとわりついて離れなかった編み笠売りの女の子。中学生くらいだろうか？　弟らしき男の子と二人、一つの笠を最初は五ドル、次は三ドル、やがて二ドルと値下げしながら売り込んでくる。まだ旅は始まったばかり、そんな大きな笠を買っても持ち運びが大変なだけで邪魔にしかならないと思い相手にしなかったのだが、ついに根負けして買ってしまった。もちろん値段は一個一ドルにまで負けさせたが。

◆コラム◆　③列車の中で国際交流（スリランカ・コロンボ→ゴール）

アジア各国内での都市間の移動で最も利用するのはバスである。道路さえあればどこへでも行ける。しかしバスの旅は大変だ。一度座ったら身動きできないし、道が悪いと尻も痛い。運が悪いと隣の乗客に閉口することもある。それに比べて列車の旅はいい。自由に動けるし、たいていトイレもついている。また長距離列車では、周りの乗客と思わぬコミュニケーションがとれることもある。

二〇一四年にスリランカを旅行した際は、都市間の移動はすべて列車を利用した。スリランカの鉄道路線はコロンボを中心に四方八方に延びている。国有鉄道で料金は驚くほど安い。しかし、驚くほどおんぼろでサービスも悪い。線路幅は標準軌で日本の新幹線と同じだが、車両の幅は日本の在来線（狭軌）と変わらない。複線化されているのはコロンボの周辺だけで、多くは単線で電化もされていない。ほとんどがディーゼル機関車が客車を引くタイプの列車である。ダイヤを見ると普通列車と急行列車の区別はあるが、急行料金の設定はなく、料金は距離と客車の等級で分かれている。この旅行では列車を四回利用した。コロンボから古都アヌラーダプラまでの往復と、コロンボから南のゴールまでの往復である。

駅に入線する急行列車

このうち予約可能な一等車両に乗ったのは一回だけ。一等は一部の急行にしか連結されてなく、料金も二等の三倍以上する。車両はきれいでリクライニング付きのシートは座り心地も良い。エアコンも効いていて、なんと一つの車両に六カ所ほどテレビモニターが付いていて映画も上映している。ただし音声はスピーカーを通して流れるだけで、モニターの近くにいる人にしか聞こえない。他の三回は二等車両を利用した。二等になると車両の設備は急激に低下する。まずエアコンが扇風機に変わる。開け放された窓からは熱風が吹き込んでくる。座席は二人掛けだがクッションは堅く、座席の指定はない。したがって二等席でも席の奪い合いが生じる。「席が取られるのでは」と、満足にトイレにも行けない。三等を利用することはなかったが、のぞいた限りでは席は六人掛けと四人掛けの木製のボックスが並び、扇風機もなかったようである。ちなみに、コロンボからアヌラーダプラまでの二百km、約四時間半の片道料金は、三等百八十ルピー、二等二百八十ルピー、一等千ルピー（約八百円）であった。では三回目に使った、コロンボから南のゴールまで利用した急行列車内での出来事を紹介しよう。

列車に乗り込む物売りのおじさん

コロンボから南のゴールまで、百三十km、二時間半（実際は遅れて三時間半かかった）の移動は、急行の二等座席を利用した。コロンボ始発と思っていた列車が入線したときは、すでに席の九割以上が埋まっており、最初から立ち席で過ごす羽目となった。長距離の急行ということもあって、一時間が過ぎても誰も降りる客はいない。いい加減疲れ果て座席の端にもたれかかるようになった頃、近くに座っていた親父が私の背をそっと叩き、前の方を指さして何やら言っている。どうやら「前の席の客がもうすぐ降りるからその側で待っていろ」という意味らしい。私は軽くお辞儀をして少しずつその席の方へ移動し始めた。三十分後ある大きな駅に停車したとき、周辺の客が幾人か降り始めた。私はすかさず空いた席へ座り、先ほどの親父に親指を立てて「座れたよ」と合図した。

その後は立っている人はほとんどいなくなり、おしゃべりや食事が始まった。私も隣の席の欧米人の女性に「フェアー　アーユー　フロム」と言って話しかけた。列車内で隣り合わせた人同士が全く口をきくこともなく過ごすのはマナー違反。とりあえず一言は話をして挨拶するのが礼儀である。彼女はフランス人。家族と友人六人でスリランカを訪れたとのこと。六歳位の娘が恥ずかしそうに母親の膝に座っている。すると、先ほど私に席を勧めてくれた親父が家族で食べていたおやつの一つをそのフランス人女性に食べろと勧めてきた。それは黒っぽい団子のようなものを葉でくるんだもので、ちょうど日本の「柏餅」か「けせん団子」のような姿をしている。フランス人は一口食べた後、みょうな顔をしている。おそらく全く口に合わなかったのだろう。彼女が私にも一口食べろといって勧めてきた。少し取って食べてみる。甘くはないが、味噌風味で舌触りは日本の団子と変わらない。私が美味しそうに食べるのを見て彼女は残った団子をすべて私に渡し、「自分はだめだから全部食べてね」と言った（そう言ったように思った）。

その後先ほどの親父が「どこから来た」と聞いてきた。私が日本からだと答えると、実に嬉しそうに握手を求めてくる。そして前方に座っていた自分の娘を呼び寄せ、私を指して日本人だと言う。するとその二十代と思われる娘が私のそばにやって来て、たどたどしい日本語で「私は今、学校で日本語を勉強しています。日本語と日本のことを教えてください」と言うではないか。それから二人の間で日本語での会話が始まった。彼女の日本語はまだまだ発展途上で、特に助詞の使い方がめちゃくちゃだったが、なんとか意味は通じる。将来は日本に行って働きたいとのこと。「何か資格は持ってるの」という問いには、首をかしげるばかりでわかってもらえていないようである。日本では介護や看護の資格がないと簡単には就労ビザが取れないことを言おうとしたが、私の拙い英語力ではなかなか上手く伝えられない。日本語と片言の英語、それに地図やガイドブックを使って一時間余りも二人で会話を楽しんだ。彼女のすぐ側で若い男性が盛んにビデオを回している。「誰なの」と聞くと「マイ　ハズバンド」とのこと。妻でありながら、勉学に励み留学を希望する姿に感動した。

列車内で知り合った家族と仏人少女

そうこうしているうちに列車は終着駅のゴールに到着した。私たちはみんなで写真を撮りあい、別れの挨拶をして列車を後にした。

アジア各国の博物館（ミュージアム）を見学者として訪れると、自身が博物館職員として働いていた頃をよく思い出す。職員だった当時、懸案事項の一つが入館者の数だった。鹿児島県立博物館は立地はよいのだが、とにかく建物が古く（昭和九年建造）、建物そのものが文化財である。もともと図書館として造られたため、天井は低く暗い。来客用の駐車場もなく、入場料は無料だがわざわざ遠くから来て入ろうとする人は少ない。予算も職員も少なく、様々な工夫にも限界があった。

そのような体験をもとにアジアの博物館を見学すると、その博物館の置かれている状況が多少は見えてくる。貴重で多様な収蔵品を保有していながら、予算・人員不足でそれらを活かしきれず、旧態依然とした展示しかできていない館は多い。一方建物が新しく、敷地も広く、予算が豊富な館は活気がある。様々な催し物が企画でき、豊富な広告費用を駆使して、たいした展示品でもないのに多くの来館者を集めている。アジアにはまだまだそのような博物館は少ないが、その国の経済が活性化し国民が豊かになることで、そんな博物館が増えていくことを期待したい。博物館は、その国にとって貴重な歴史的・自然史的資産を永久に保管し、研究し、人々に伝達できる数少ない場所だと思っている。

付録の章　買い物の話

旅行の楽しみの一つに「買い物」がある。日本に持ち帰る土産物であったり、旅先で使う日用品やお菓子・飲み物などの食料品などいろいろだ。アジア諸国は日本ほど人件費が高くないので、韓国や台湾を除いて自動販売機はほとんどない。最近はスーパーマーケット方式で籠に購入品を入れて、レジで示された金額を払う様式も増えてきた。しかし観光地の売店では、瓶入りのジュース一本買うときでも、毎回お店の人に値段を聞いて支払うことになる。もちろん市場や露店でもそれは同じ。土産物品には一応価格が表示されていることもあるが、それはあくまでも店側の希望小売価格。表示のない場合も多く、店主は相手の国籍や身なりで言い値を変える。考えてみればそれは当たり前なのかもしれない。売り手側はなるべく高く売りたいし、買い手はできるだけ安く買いたい。そこに価格交渉が発生し、それに慣れていない日本人などは絶好の「かも」にされるのだ。

以前どこの国だったか忘れたが、ある店で土産物を買おうと商品を手に店主と価格交渉をしていた。すると脇の方から地元人と思われる人が現れ、同じような商品を示して店主と二言三言言葉を交わし、私が予想していたより安い値段で購入していった。そこで私も同じ商品を差し出して紙幣を渡そうとすると、「違う、違う、いくらだ」と前の人の一・五倍ほどの値段を示すではないか。それからしばらく交渉してなんとか地元価格の二割増しで決着し、気に食わないながらも購入した記憶がある。とにかく日本人はなめられている。決して言い値で買わないように、くれぐれも価格交渉をして多少は値を下げてから買ってほしい。

それでは価格交渉はどのようにしたらよいのか。次に、経験に基づいた「私流のやり方」を記すのでぜひ参考にしてください。ただし、やり過ぎてひんしゅくを買わない程度に！

中国・雲南省・昆明の服地屋

一、価格交渉の進め方

旅先でお土産を買うとき、私は免税店なる所には決して行かない。確かに免税店では税金がある程度免除されるので、デパートや専門店で購入するより安いかもしれない。しかしそれはあくまでも税金の高い輸入品や高級品のことであって、免税店に置いてあるブランドものは元々高値の高級品なのだ。しかも販売員はその店の従業員だから、勝手に値引きすることなどできない。いや、値引きする資格がないのである。確かに物はいいかもしれないが、土産物代の予算に制限のある私としては、質よりも価格を重視しなければならない身の上なので、高級デパートや免税店、あるいは空港のショップで土産を買うわけにはいかないのだ。

したがって私が買い物をするのは、市場やマーケットに並ぶ間口が一間もないような個人経営の店。または夕方や夜に道路の脇に急ごしらえで張られたテント張りの露店。そんな店ばっかりである。だから価格もいい加減で必ず交渉が必要だ。そんな店で購入した品だから品質が良いとは必ずしもいえない。しかし価格が安いから少々ぼられても損失は少ない。もちろん品質が悪く使いようもない物は買いたくないので、たとえ日本円で二百〜三百円程度のものであっても、内部を見て中身をしっかり確認する。もし傷やほころびがあったら躊躇なく交換させる。一度購入した後での返品はまず間違いなく受け入れてくれない。交渉は面倒だが、ある意味面白い。

中国・雲南省・大理の服屋

さあそれでは、品物に全く価格表示がない時の私流の交渉の仕方を紹介しよう。
①まずは店先で自分の欲しいものを選ぶ。買う気がないのに交渉に入るのはタブー。途中で意味なく止めたりすると、店主を怒らせ二度とその店で買うことができなくなる。
②最初は店主に品物を指して相手の言い値を聞こう。外国人と見るやたいてい二、三倍の値

段をふっかけてくる。そこで買ってしまう人はそんな店には入らないこと。交渉する資格はない。

③これからが最も大事なポイント。当然高いわけだから、それより安い金額を言わねばならない。最初にもちかけるこちらの価格で、この交渉の趨勢《すうせい》が決まるといっても過言ではない。できれば、同じような品がデパートや他の小売店でどれくらいの価格で売られているかを調べておくことが望ましい。店主側の価格よりほんの少し安くいうと、店側は喜んでその値で売ってくれる。そこで交渉終了だ。だからといってあまりに安い値を告げると、場合によっては店主が怒り出すこともある。「この品物を馬鹿にしているのか」と言わんばかりに交渉は打ち切られる。

実は私もこれで失敗したことがある。タイ・チェンマイのナイトマーケットの土産物屋で、きれいな細工の入った大きめのペンがほしくなった。地元の民芸品なのだろう。木彫りの細工がなかなかユニークで愛らしい。しかし私の言い値があまりに安かったのか、店主は何かぶつぶつ文句を言った後、一切交渉に応じてくれなかった。私はすごすごとその店を出ざるを得なかったのである。

マレーシア・コタ・キナバルのナイトマーケット

④一般に店主側が最初に告げる言い値は、平常の二倍程度が多いと聞く。そうすると店側の言い値の半分程度で購入できれば、交渉は大成功といえるかもしれない。もちろん、安そうな品（数百円程度以下）と高そうな品（数千円以上）とではその言い値も異なるし、その国の物価も考える必要がある。思い切って自分の言い値を付けよう。

⑤次に店主が、最初の言い値より安い値段を告げてきたら、交渉は継続されたと考えていい。こちらも少しだけ上乗せした価格を提示する。三回目に言った店主の値段が正当な価格にかなり近いと思っていい。後は、時間の許す限り交渉を続けても良いが、安い価格の品物だったら、三、四回の交渉で言われた価格で妥協した方がよい。高い物はもっと頑張ってください。

⑥価格が合意し、めでたく交渉成立となった暁には、それまでの真剣な表情を一気にゆるめて笑顔になろう。安くなったからといって相手に同情することは全くない。その値段でも間違いなく仕入れ値より高く、減価償却を含めても十分儲かっているのである。品物を受け取ってお金を渡したら握手をしてもいいし、店内で記念写真を撮らせてもらってもいい。普通この手の店は写真撮影を嫌うことが多い。しかし、品物を買ってくれたお客は別である。購入後、撮影を頼んで断られたことはない。

二、旅先で購入した土産物

それでは実際にどこでどんな買い物をしたのか、印象に残った出来事を紹介しよう。旅先で買うもののほとんどは土産物である。旅の途中仕事や家族のことを思い出すことは滅多にないが、さすがに帰国前になると家族や職場の同僚に渡す土産のことが気になってくる。免税店や高級デパートに行く気はないので、購入先はもっぱら市場や露店。購入品はというと、食料品は日持ちが心配だし口に合わないことが多い。お菓子などは絶対に日本の方が美味しいと思う。妻子に人形や飾り物を買うこともあったが、民芸品は実際に自分で行った所のものでないと愛着が湧かないらしい。喜ぶのは最初だけですぐ忘れ去られてしまう。一時、「お面」に凝った時もあった。インドネシアや中国などには魔除けになるという各種のお面があり、値段も手頃だ。今でもいくつかのお面が自宅の各部屋の入り口に飾ってある。

ラオス・ルアンパバーンのナイトマーケット

最近よく買うのが「布地」。服地屋や衣料品店で適当な大きさの布を見繕っては購入している。なるべく当地の伝統的な図柄や色のものがいい。使い道はテーブルクロスや机上の敷物、テレビやパソコンなどの埃よけとして。布地は軽くてかさばらないので土産物としては最適である。それでも自分のための土産は滅多に買わない。心に残った旅の思い出と写真だけで十分である。しかしこれまでの旅で「どうしてもほしい」と思い、粘って購入したものがいくつかある。

その一つが「菩薩画」。中国の敦煌《ドウンホワン》で購入した。この街は莫高窟などの世界遺産もあって世界中から観光客が集まる。街のほとんどの人が観光にかかわる仕事をしているという。観光を終え、町外れのある土産物店に入った。壁一面に飛天や菩薩の仏教画が飾られている。その一つに目が留まった。淡い肌色の背景にたたずむ菩薩の穏やかな表情に魅入られてしまった。下の方に「八百五十元」という札が貼ってある。高い！　日本円で約七千円。土産の予算は全部で一万円だったから、その一点で予算の七割を占めてしまう。「半額以下だったら買ってもいいかな」と思いじっと見上げていると、上客が来たと思ったのか店主の親父がもみ手をして近寄ってきた。絵を指し示しながら「多・少・銭」と片言の中国語で値段を聞く。「○※△・☆×・□※○◇♯！」早口の中国語で何やら言っている。「高名な画家による仏画だけど安いよ」とでも言っているのだろう。私は意を決して交渉に突入した。メモ紙を取り出して「三百元」と書き、親父に示す。彼は電卓を持ち出して何やらつぶやきながらまず「六百元」と数字を打った。いきなり三割引きである。「これは絶対半額以下になる」私は首を振りながらいくつもの赤い花押を指し、無駄な落書きが多いということを示した。中国では掛け軸や書画にたくさん

敦煌で購入した仏画

の花押を押して、優れたものだということを証明しようとする習慣がある。むろん花押は適当に押したものだし、この絵を描いたのは市井の売れない画家か画学生であろう。しかしそれでも私自身がその絵を気に入ったのだから「ほしい」のだ。それから三十分余り交渉が続いた。途中妻らしきおばさんが熱いお茶を持ってきてくれた。結局その日は四百元まで下がったものの交渉は決裂し、諦めてホテルへ戻った。しかし夜になってもあの絵がほしいという気持ちがますます高まってくる。

中国・長春の書画・骨董品屋

翌日、店が開くのを待って再び同じ店へ入った。実はその絵の隣りにもう一つ素敵な仏画があった。そちらは薄い背景にやや青みがかった色で別の菩薩が描いてある。値札は「七百五十元」。合わせて千六百元だ。しかし昨日の感触から、合わせて「六百元」までは値切れると踏んでいた。一点より二点合わせた方が値引率は大きくなるからだ。店に入り親父に挨拶する。親父はにこにこ笑顔で応対した。「また来たのか、よっぽどほしいんだな」と思っているに違いない。もう一つの仏画も指し、二点購入をもちかける。昨日の価格も考えて二点で「五百元」から始めた。相手はいきなり「六百元」と応える。「安い！」二日続けて訪れたことで、利益を度外視して安くしてくれたのか？　そんなことはあり得ない。それとも仕入れ価格はほんの二、三割程度なの？　それからは十元刻みの値引き交渉が始まった。結局二点「五百七十元」で決着がついた。親父は二枚の仏画を丁寧に包み渡してくれた。最後は笑顔で握手をして別れた。私も満足したが、きっとあの親父も満足したことだろう。なんと言っても商品は売れなければ店を占有するだけのただのやっかい物なのである。儲けが出れば、たとえぼろ儲けでなくても売ってしまった方がいいに決まっている。

購入した仏画は、その後どうなったと思いますか？　帰国後、私は二点の絵を持って鹿児島市天文館の集景堂という店に行った。絵を納める額を買うためである。既製品で適当なものがなかったので、安い素材ではあるが寸法に合った額を作ってもらうことにした。二つで二万四千円。絵の価格の四倍以上である（もちろんこの店で値引き交渉はしていない）。額に入れると絵はさらに見栄えがする。一点は長い間自宅の床の間に飾られていたが、最近妻に飽きられたのか、今は別の部屋に格下げとなった。もう一点は、いつもお世話になっている親戚の家に贈呈した。しばらくの間床の間に飾られていたが、今はもうない。

◆コラム◆　①露店の似顔絵書き

アジアではないが、一九九八年に職場の同僚四人でオーストラリアの東海岸にあるケアンズとブリスベーンを訪れた。そのブリスベーンでそれぞれ自由行動をとることになった時の出来事である。フェリーでサウスバンクへ渡り遊園地内を散策していると、たくさんのテントが張られ、露店やフリーマーケットが店開きしている一角にたどり着いた。一軒一軒中を覗きながら歩いていると、似顔絵をいくつも飾ったテントがあった。中央の椅子に一人の中年の男性が座り、その前に客用の椅子といくつかの絵描き道具があるだけのがらんとしたテントである。

男性は私の顔を見ると、似顔絵を描いてあげるからその椅子に座んなさいと勧める。時間もありこんな体験も面白いかもと思い、思い切ってその椅子に座った。一応、「いくら?」と聞いてみる。価格は二十ドル（オーストラリアドル・当時のレートで約千九百円）だという。彼は画用紙に鉛筆で軽くデッサンすると、後は色鉛筆で彩色をしながら一気に描いていく。およそ三十分後、渡された絵を見て驚いた。当時私は四十代前半だったのだが、いくらかさばを読んで描いてくれたのか、描かれた私の顔はどう見ても二十代後半のものである。こんな土産は滅多に得ることはできない。絵にすっかり満足した私は、絵の下端に画家の名前を書いてもらい（Edward）、日本まで大切に持ち帰った。もちろん額にいれて飾ったのはいうまでもなく、旅から十八年経った今でも、私の書斎の天井近くでいつまでも年をとらない二十代後半の私の絵が、老いつつある私を見下ろしている。

自身の似顔絵

◆コラム◆　②コロンボの泥棒市場

スリランカの中心都市コロンボでの話。いよいよ翌日は帰国するという日、土産物を求めて前日見つけていた駅の隣にあるマーケットを訪れた。衣料品や皮革製品、貴金属などを売る小さな店が五十店ほど並ぶ市場である。どの店にも怪しげな店主が腰を下ろして辺りを窺っている。当然ぼったくられるのは覚悟しなければならない。値切りの戦闘に入る前に入り口で一服していると、さっそく「かも」を見つけたとばかりに一人のお兄さんが近寄ってきた。「アーユー　チャイナ?」と聞くので、「ノー、フロムジャパン」と答える。それから彼は日本の煙草の話を始めた。日本のマイルドセブンは素晴らしく美味しいと言う。私の吸っている煙草を指さして、「それもそうか?」と聞いてくる。私は「マイルドセブンの名称はなくなり、今はメビウスという名に変わった」と言い、自分の煙草を指して「これもそうだ」と教えてやった（理解したかは不明）。「一本」と、彼は人差し指を一本立てて「くれ」という仕草をした。仕方なく一本恵んでやると、「ライター」と火をねだる。ポケットからライターを取り出して火をつけてやると、彼はうまそうに煙を吐き出した。そして「何が買いたい?」と核心に入ってきた。「テーブルクロスだ」と答えると、「ついて来い」とばかりに手招きしながら市場の中に入っていった。

中程にある店の前にやって来ると、彼はそこの店主に何やら現地語で話し始めた。店主は重い腰を上げて次々と布地を取り出し始めた。男はそれを広げては私に盛んに勧めてくる。「どうだこの柄、とてもおしゃれだろう」。布は縦一m・横一・五mほどの大きさで、どれも筒状になっている。色はやや地味だが、スリランカらしい民族色豊かな柄でそれなりに気に入った。この布、本来の目的は別にあるのだろうが、二重のままテーブルクロスにしてもいいし、裁縫の得意な人なら裁断して別のものに作りかえることもできるだろう。

「いくらだ」と聞くと、一枚三千ルピー（約二千四百円）だと言う。「ぼったくりだ！」私は意識して顔を真っ赤にし、「ベリー、ベリー、エクスペンシブ」と叫ぶ。そして、話にならないというような素振りで帰ろうとした。すると先ほどの兄さんが「待て！ 待て！」といって私を捕まえ、「いくらなら買う？」と聞いてくる。スリランカの物価を考えれば、この程度の布地が千円以上するはずがない。私はまず千ルピー（八百円）から始めた。店主は情けないという顔で、「そんな値段で売ったら自分は飢え死にだ」というような意味のことを言う。それから三十分、何枚か買えば安くなることも考えて、いろいろな布を出させては柄を検討する。その頃には他の店主達もやって来て、周りで五、六人の親父が興味深そうに眺めている。さっきの兄さんが「何か飲むか」と言うのでコーラを注文する。もちろんお金は払わない。彼は店主ではなく、かもを連れてきて何か買わせてはマージンをせしめている男だろう。どうせ私が払った代金の二、三割はせしめるつもりなのである。

結局先ほどの布地を四枚六千ルピーで購入した。もうちょっと安くしたかったが、少々疲れた。価格交渉は楽しいものだが、神経も使う。特に周りを五、六人の男達に取り巻かれると、真っ昼間とはいえ身の安全も図らねばならない。店と彼らの写真を撮って別れた後、別の店でTシャツも購入した。さすがにこの時は交渉する元気も失せていて、言い値の三割引きで妥協してしまった。さっきの彼はまだついてきていたが、私が「エンプティ」と叫んで空になったサイフを逆さにして見せてやると、潮が引くように去っていった。ホテルに戻り、親しくなったフロントのイケメン男に土産の袋を見せると、彼は「どこで買った」と聞いてきた。私が「駅の隣のマーケットだ」と答えると、「あそこは別名『どろぼうマーケット』といって、ぼったくりの激しさで有名な市場だ」と言う。「んーん？　やっぱりぼったくられたのかなー」と、複雑な気持ちで部屋に向かった。

コロンボ・泥棒市場の店

あの布地、四枚のうち三枚は当時勤めていた職場の職員にお土産として渡しました。安物ですみません。

おまけの章　ちょっとドキドキした話

一九九〇年以来、海外をプライベートで旅行した回数は二十七回になる。そのうち二十回は一人旅だ。単独旅行にこだわっているわけではないが、仕事を持っていると、たとえ三、四人のグループであっても日程や行程の都合を合わせるのは難しい。しかも利用する航空券はいわゆる格安航空券というタイプで、一度購入してしまうと変更やキャンセルが効かないリスクの多い航空券だ。当然他の人を誘うにはためらいが生じる。結局一人で実行する方が実現しやすいのである。

一人旅はあらかじめ行程を細かく決めておかなくても、行き当たりばったりで自分に都合良く変更できる。気に入った場所があったらしばらく滞在してもいいし、行きたくない所へ無理に行く必要もない。周囲に合わせることが嫌いというわけではないが、一度一人旅の気ままさを覚えてしまうと、無理して他人を誘おうという気は起こらなくなってしまう。

それでも一人旅には多少の損失やリスクがつきまとう。例えば、海外のたいていのホテルの部屋はツインかダブルで、基本的に二人用で構成されている。日本のビジネスホテルのようなシングル部屋はほとんどない。そんな二人部屋に一人で泊まるのだから、部屋代はおよそ二倍になる。タクシーなども割り勘はできないので、一人で乗っても三、四人で乗った時と同じ代金を払うことになる。中華料理を食べる時でも、一皿には三人分位の量が盛られてくるので一人ではとても食べきれない。そんな食堂の料理代はたいてい安いので、三品ほど注文しても大した金額にはならないが、どの料理も中途半端に食べて大量に残す結果になる。つまり一人旅はグループで行くよりも金がかかるのである。

もう一つ大きなリスクは、安全面で気をつけなければならないことだ。一人だと悪人に狙われやすい。スリやかっぱらいに強盗、置き引きにぼったくり等々。初めて行った街でキョロキョロ辺りを見回し、いかにも旅行者然とした風体の外国人は、日本では考えられないことだがアジアでは最も狙われるのである。幸い私はこれまでスリにもかっぱらいにも強盗にも出会ったことはないが、不安を覚えたことは何度かある。ここではそんな体験をいくつか紹介してみたい。

白タク代金を日本円で支払う（中国・上海）

一九九三年夏、初めての一人旅は上海から杭州《ハンチョウ》・蘇州《スーヂョウ》など中国の江南《チアンナン》地方を十日間かけて巡る旅であった。福岡から搭乗した中国東方航空の飛行機は、夕方六時頃には上海に到着した。不安な面持ちで入国審査を済ませ両替所に向かった。当時中国は、自国の通貨の海外持ち出しを厳しく禁止していたので、日本円から中国の通貨「元」への両替は、中国国内に入らないとできなかったのである。ガイドブックによると、「入国審査を終えたら、銀行のある場所へ出る」とある。出た。ない！　閉まってる！　そう、まだ六時半だというのに、四カ所ある銀行や両替所はすべて閉まっているのである。困った。手元には日本円しか持っていない。ホテルまで行くにはタクシーを使わねばならないのだ。どうしても元が必要だ。タクシー乗り場には大勢の客が並んでいる。すぐにでもそこに並びたいのに、現地通貨を持たない私は途方に暮れてしまった。

その時である。一人のうさんくさい男が私に近づいてきた。「タクシー、タクシー」と呼びかけてくる。どうやら許可を持たないもぐりの白タク運転手のようだ。ガイドブックにはこのような白タクは必ずぼるので、絶対使わないよう記してある。しかし、正規のタクシーは日本円を受け取ってくれないだろう。私は意を決してその親父に「タクシー、ＯＫ？」と声をかけた。親父は鴨がネギをしょってやってきたと思ったのであろう。にやにやしながら近づいてくる。私は片言の英語で「アイ ハブ ノー クアイ。ジャパニーズ エン オンリー ＯＫ？（中国では通貨の元を口語でクアイと発音する）」と話しかける。親父は一瞬目を見はったが、「ＯＫ、エンＯＫ！」と愛想良い。それから目的のホテルの名を紙に書いて示しながらの値段交渉が始まった。当時のレートを考えると、日本円で千円もあれば十分と思ったので「ワンサウザンドエン」と言いつつ千円札をかざす。親父は元を持たない私の弱みを知ってか「二千円」といって譲らない。弱みを持つ私としてはそれほど強く言い張るわけにもいかず、「千五百円」と値上げを認めた。親父は瞬時にOKと答えた。ところが五百円という値段に不安を覚えたのだろう。「見せろ」という。私が取り出した五百円硬貨をしげしげと眺め、OKと言って返してきた。海外では一般に外貨の硬貨は受け付けないと聞いていたので、この点はラッキーだったと思うしかない。

それから親父の後をついて車まで行く。ドアを開けて座らされると「しばらく待っていろ」と言うやどこかへ行ってしまった。十分ほど過ぎた頃、親父は別の旅行者を連れて帰ってきた。何と相乗りである。そいつからも同様の代金を受け取るつもりなのだ。親父はさらに別の客を捉まえに行こうとしたが、その旅行者の「ハリーアップ」の声で仕方なく運転席に座った。二十分くらい走って車が止まり、相乗り客が降りた。次は私の番だ。再び走り出したが辺りは真っ暗で、本当に目的地まで行ってくれるのか不安になる。私は彼の背中に向かって何度もホテルの名を連呼する。それから二十分、車が目指すホテルの前に止まったとき、私は安堵で胸をなで下ろして日本円を渡し車を降りた。

上海で両替ができなかったことがもう一回ある。二年後の一九九五年。今度も福岡空港から夕方上海に着き、両替所を探したがすべて工事中で閉まっており、またも両替で

上海　南京路

きなかった。前の苦労もあったので、この時はアメリカドルの小銭（一・五・十ドル紙幣）を多数持参していた。中国でも日本円は直接使えないが、アメリカドル紙幣は使える時もあると聞いていたからである。そしてやっぱり声をかけてきた白タクの運ちゃんとアメリカドルで交渉し、正規料金の約一・五倍ほどでホテルへ向かったのである。今では、北京や上海空港のゲート内には無人の自動販売機のような両替機があり、いつでも両替できるようになった。さらに福岡空港でも、元をはじめ何種類かの外国通貨に両替できる。両替に困ることはなくなったが、海外へ行く時常にいくらかのアメリカドル札を予備として携行するようになったのは、この時の経験による。

アジアでも特に東南アジアのベトナム、ラオス、カンボジア、ミャンマーは支払いをアメリカドルで請求されることが多い。これに対して、タイやマレーシア、シンガポールなどではそのようなことはなく、その国の通貨での支払いが普通である。これは国民が自国の通貨を信用していないせいもあるのだろう。いつデノミで通貨の価値が変わるかもしれないと心配する国民にとって、アメリカドルやユーロなど安定した通貨は信頼できるのだ。アメリカドルやユーロなどの通貨を確保しておくことが、蓄財するうえでも安心できるに違いない。さて日本円はどうかな？

浙江《ヂョーヂァン》料理でぼったくり（中国・蘇州）

これも前に書いた一九九三年の江南地方での話。最初の一人旅では実に様々な経験をした。蘇州の街で雇った力車（自転車の後ろに二人がけの座席を設けた車）でのこと。お昼時、お腹もすいたので昼食にしようということになった。車夫のお兄ちゃんが俺に任せろとばかりにある小汚い小さな食堂に入っていった。兄さんは店のおばさんに何か一言話すと、テーブルについてメニューを持ってこさせた。メニューはすべて簡体字の中国語、見ても何の料理か全くわからない。自分で選ぶことは諦めて注文は兄さんに任せた。

食い散らかされた浙江料理

やがて三品の料理が運ばれてきた。一つは炒飯。これはいい。ご飯がパサパサして決して旨くはなかったが食べられる。二つ目は「フナの煮付け」。近辺の川か沼で捕れたフナだろう。江南地方の浙江料理に淡水魚は付き物だから、この地方の名物といっても過言ではない。しかし泥臭いのだ。生姜かネギでも入れて臭みを取ればいいのに、と思いつつ箸をつけた。三品目は「タウナギの姿煮」。二匹のヘビのようなタウナギがとぐろを巻いた状態で皿の上に乗っている。泥臭い以外味は全くしない。グロテスクな姿もあってほとんど食べられない。一方車夫の兄さんは、勝手に注文したビール片手にひたすら食べ続けている。遠慮というものが全くない。結局料理の八割を平らげたのは兄さんで、私の胃袋は不満を訴えていたが、会計をすることになった。おばさんから渡された紙には、何と「二五〇元」の数字。「やられた!」と思った。日本円に換算すると五千円を優に超える金額である。私は「おかしい、メニューを見せろ」と喚《わめ》いて持ってこさせた。おばさんに注文した料理がどれか指してもらう。確かに「鮒」とか「鰻」とかの漢字を省略した文字が記されている。金額は「時価」。つまり勝手に代金を決められるということだ。言われるままに支払うのはしゃくに障るので、私は絶対払わないぞと固く誓って「高い!」を繰り返し、紙をおばさんに突き返した。十分後、何とか半額の百三十元まで値切ったところで諦め、支払うことにした。店を出るとき、兄さんがちょっと奥へ入ってから出てきた。おそらく客を連れてきた謝礼のマージンを受け取ったに違いない。

白タク料金のトラブル(中国・ハルピン)

一九九九年の中国ハルピンでの話。東北虎林園や七三一部隊の施設跡を見学するため、車をチャーターすることにした。ホテルの前にはいつも数台の車が止まり、運転手が手持ち無沙汰にぶらぶらしている。屋根にタクシーを表す広告塔などはなく、いわゆる白タクである。前日ちょっと使った車の運転手が割と親切だったことを思い出し、その車へ向かった。運転手と笑顔で挨拶を交わし、一日チャーターの交渉に入る。白タクにはこれまで苦い経験をしてきたこともあり、時間や行く先、ホテルへ帰り着く時刻まで入念に打ち合わせた。

やがて観光も終わり、ホテルに到着した直後のことである。運転手がやおら料金の値上げを言い始めた。五割増しの金額を言い張っている。途中トラブルもなく、それなりに親切にしてくれていたから、「一、二割増しでチップを払ってもいいかな」と思っていた。しかし、相手からそれを言われるとカチンとくる。私は「ノー、ノー」と最初に取り決めた料金に固執してその金額を言い張った。向こうも簡単には諦めず、しつこくなんやかんやと理由をつけては言いすがってくる。中国語の早口でまくし立てるので意味はほとんどわからないが、料金値上げを言い張っているのはわかる。いい加減頭に来た私は、車が止まっているのを確認するや、最初に取り決めた料金の一割増しのお金を助手席に放り投げると、さっとドアを開けて飛び降りた。さよならを言うわけでもなく笑顔もない後味の悪い別れである。翌日の朝、駅に向かうためタクシーを探す私の前に前日の彼が現れたが、私は無視して別の車に乗り込んだ。「昨日あんなことがなかったら今日も使ってやったのに」と思いつつホテルを後にした。

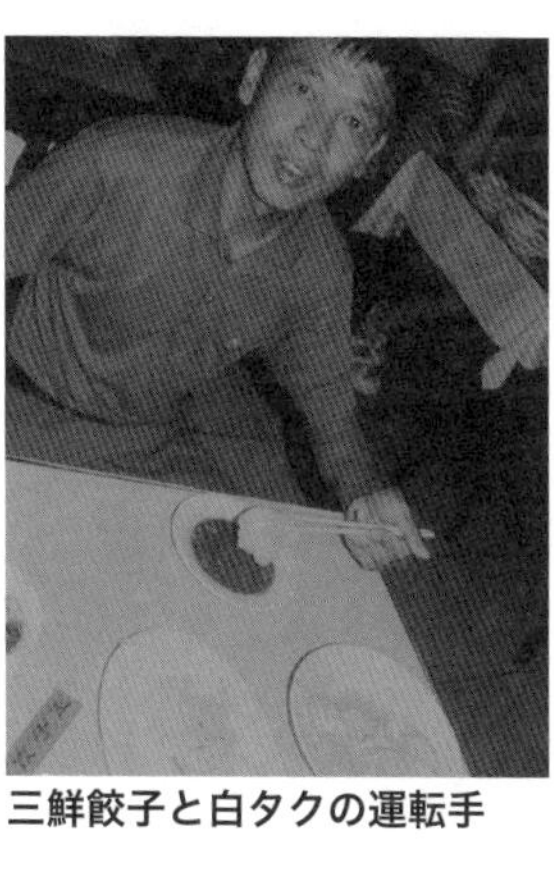
三鮮餃子と白タクの運転手

中国のトイレ事情（中国・広州《コワンチョウ》ほか）

観光中トイレに行く機会は多い。朝ホテルを出て、夕方帰るまで八、九時間は屋外に出ているのだから当然である。男はまだ「小」はいい。ところが「大」になるとそうはいかない。朝必ず済ましてからホテルを出るようにしているが、旅行中の疲れや慣れない食べ物で、途中で催すこともある。それでも見学地や店にはたいていトイレは付いているから、そこへ行って用を足せばいいのであるが、中国では用を足すのに躊躇するようなトイレに何度も遭遇した。

第一章で、ウルムチからトルファンにバスで向かう途中のトイレのことは紹介した。ここでは一九九〇年の最初の中国旅行で、広州動物園のトイレを使用した時のことを話そう。漢字の発祥地中国では話し言葉はわからなくても、簡体字ではあるが標記されている漢字を見ると、ある程度の意味は理解できる。中国でもトイレは「厕」の字を充てているので、その場所はすぐわかる。入ってみて驚いた。「小」が横に長い細い溝が掘られているだけなのはわかる。日本でも昔はそうだった。問題は「大」用だ。上の写真を見ておわかりいただけるだろう。長方形の穴が開けられただけの水洗ではない様式。いやこれもわかる。昔の日本もそうだったし、今でも山間部の下水設備や浄化槽のない所では存在する。困ったのは「戸がない」ことである。外から丸見えなのだ。幸いにも使用中ではなかったので、思わず写真を撮ってしまったが、こんなトイレだと誰か来ないか気が気じゃなくて、出るものも出なくなっ

広州動物園のトイレ（男用）

てしまうに違いない。

さすがに空港や駅、高級デパートやショッピングモールなどでは、ちゃんと戸が付いていて中から鍵をかけるタイプのトイレがほとんどである。しかし公園や路上の公衆トイレ、地方都市の駅やバスターミナル、小さな店のトイレは、戸がなかったり、あっても上半分がなかったりが多い。さらに不特定多数の人が利用するトイレには、必ずといっていいほど「トイレ番」がいる。男女の入り口の真ん中にテーブルと椅子を置いて番人が座っており、利用者から五角（日本円で十円ほど）の料金を受け取る。必要な人は少量のトイレットペーパーをもらっていく。これも商売なのだろうか？　中国は人件費が安いので、このような商いが成り立っているのだろう。

中国人と日本人では、排泄に対する考え方が大きく違うのだろうか。直接中国人に確かめたわけではないが、同性同士であれば、排泄しながらでも隣同士で会話を楽しめるのかもしれない。日本人が排泄行為を恥ずべきこと、隠すべきことと捉えすぎているのか。それとも中国人が排泄行為はごく当たり前のことで、それほど隠すべきことではないと考えているのか。両者とも同じモンゴロイド系だが、民族性の違いはなんと大きいことか。

これまで旅行中不安に暮れたことや困ったことを記してきた。ほとんどが中国での出来事である。確かに中国は、他の東南アジア諸国に比べると不便を感じることが多い。特に自由に旅を楽しもうとする個人旅行者にとって、「外国人から外貨を稼ぎたい。国内を細部まで見られたくない。自国民との触れ合いをしてほしくない」と考える中国政府の方針で、旅行者の不便はしばらくは続くかもしれない。政府がそうだから、一般の国民も似たような考え方をするのはやむを得ない。二十一世紀の初め頃まで中国は外国人に対して飛行機や鉄道、ホテルの料金に二重価格を設け、二倍以上の料金を取っていた。日本だと、「せっかくやって来てくれたんだから、外国人には日本人より安く売ってあげよう」と考える人が多いはずだ。中国では二重価格制度が廃止された今でも、まだ民間にはその習慣が残っている。

だからといって中国人のすべてが外国人に冷たいというわけではない。私自身、旅行中に親切にしてもらったことは数え切れないほどある。道を聞いたらそこまで連れて行ってくれたり、ホテルを安い中国人価格で斡旋してくれたり、通訳を買って出てくれたり……。多くの中国人は親切で優しい。ぼったくったり騙したりするのは、外国人旅行者を相手に生計を立てている一部の人達だけだと思いたい。今、日中間は領土問題など複雑な関係にある。しかしそれは政府間のこと。それぞれの国民同士は仲の良いお隣さんでありたい。民間交流の発展と、互いの往来がさらに増えることを期待して最後の章を終える。

あとがき

今年（二〇一六年）は、六月末から海外に出かけた。三月で退職したので、時期や期間に制限はない。あるとすれば費用だけ。以前から退職後はアジアを飛び出して、もっと遠い国に足を運びたいと考えていた。今回はヨーロッパ。しかし中南部はシリア難民の流入やテロが心配なので、比較的それらの心配が少ないバルト三国とフィンランドのヘルシンキにした。全部で十五日間。夏至が過ぎたばかりの白夜の季節である。

十五日間という期間はこれまでの旅行で最も長い。最後まで体力を持たせないといけない。最近、旅行が一週間を過ぎると疲れや身体の不調を感じてきたので、四月から毎週三、四回スポーツクラブに通っている。時間がたっぷりある無職者の強みである。毎回二、三時間、ランニングマシンやエアロバイクで足腰を鍛え、健康器具を使って筋力アップを図る日々だ。その上プールで三十分ほど泳ぐ（歩く）ので、体調はすこぶる快調。始めてから旅行まで三カ月間鍛えられたので、体調を維持しつつ旅行を継続することができた。

北部ヨーロッパではアジアにはない魅力を感じた。なんといっても暑くないのがいい。最高気温は二十五度以下。最低気温は十五度前後で薄手のジャンパーが必要だ。アジアの夏旅が、暑さのためいかに体力を消耗していたかを思い知らされた。買い物では、ぼられることもなかったが値下げ交渉は不発に終わり、ある意味物足りなさも感じた。

それでも今のような旅行があとどれだけ続けられるだろうか。近年、旅行中に一抹の寂しさを感じることがあった。夜一人で部屋にいるときや雨天で野外の行動が制限された時などである。三十〜四十代の頃は目前の行程を進めるのに一生懸命で、寂しさなど感じる暇もなかった。休養や体調維持のため旅行に余裕を設けたことでかえって暇な時間が増え、それが寂しさを生じさせる原因となっているのかもしれない。それとも加齢のせいか？ 蓄えた旅行費用の残金を考えると、今のような旅もあと数回実施できればそれで終わりかもしれない。その時が来たら潔く諦めよう。一人旅がいつまでも続けられるわけではないのだから。

しかしたとえ旅行の形態が変わったとしても、見知らぬ世界を覗いてみたいという欲求は失いたくない。一人旅ほど、「自らの考えだけで行動する」という行為が実現できる機会はないと思う。そう、私は一人旅の中に「自己実現の場」を求めているのかもしれない。

大げさかな！

これまでの自分の旅が、人生の中で大きな割合を占め、自身の考え方や行動、さらに理科教師として生徒にかかわる手段に大きく寄与してきたことは間違いない。このような旅を実現し続けてこれたことに、家族をはじめ職場の同僚や旅行社の方々、そして旅行の喜びを教えてくれた先輩方など、多くの方々に深く感謝したい。

参考・引用文献

◆ガイドブック

地球の歩き方シリーズ　（株）ダイヤモンド・ビッグ社
・タイ　一九九一〜一九九二年度版
・西安とシルクロード　一九九五〜一九九六年度版
・大連と中国東北地方　一九九九〜二〇〇〇年度版
・バンコク　二〇〇〇〜二〇〇一年度版
・台湾　二〇〇一〜二〇〇二年度版
・中国　二〇〇二〜二〇〇三年度版
・マレーシア ブルネイ　二〇〇二〜二〇〇三年度版
・雲南・四川・貴州と少数民族　二〇〇四〜二〇〇五年度版
・ミャンマー（ビルマ）　二〇〇四〜二〇〇五年度版
・アンコール・ワットとカンボジア　二〇〇七〜二〇〇八年度版

・イスタンブールとトルコの大地　二〇〇九～二〇一〇年度版
・ベトナム　二〇一〇～二〇一一年度版
・ラオス　二〇一〇～二〇一一年度版
・インドネシア　二〇一一～二〇一二年度版
・成都　九寨溝　麗江（四川 雲南 貴州の自然と民族）　二〇一二～二〇一三年度版
・スリランカ　二〇一三～二〇一四年度版
新個人旅行　昭文社
・韓国　二〇〇八～二〇〇九年度版

◆書籍

山中二男『日本の森林植生』築地書館、一九七九年
安間繁樹『ボルネオ島　アニマル・ウォッチングガイド』文一総合出版、二〇〇二年
歴史の謎を探る会編『常識として知っておきたい世界の三大宗教』河出書房新社、二〇〇五年
加藤智見『世界の宗教が面白いほどわかる本』中経出版、二〇〇六年
橋爪大三郎『世界がわかる宗教社会学入門』筑摩書房、二〇〇六年
瓜生　中『知っておきたいわが家の宗教』角川学芸出版、二〇〇八年

◆県立錦江湾高校　研究紀要

森田康夫『アジアを巡る旅①～奇岩・奇峰を訪ねて～』第三六号、二〇一一年
森田康夫『アジアを巡る旅②～熱帯林と乾燥地帯～』第三七号、二〇一二年
森田康夫『アジアを巡る旅③～宗教施設と人々の祈り～』第三八号、二〇一三年
森田康夫『アジアを巡る旅④～アジアの動物園と博物館～』第三九号、二〇一四年

■著者プロフィール

森田康夫（もりた・やすお）
1955年鹿児島生まれ。鹿児島玉龍高卒、早稲田大学教育学部卒、鹿児島大学大学院修了。1980年から鹿児島県公立高校理科（生物）教諭［市来農芸高、古仁屋高、志布志高、鹿児島南高、県立博物館、錦江湾高］、2016年３月退職。共著「川の生きもの図鑑」（南方新社）、「鹿児島県の不思議事典」（新人物往来社）。

アジアを巡る旅

二〇一六年十二月二十日　第一刷発行

著　者　森田康夫
発行者　向原祥隆
発行所　株式会社 南方新社
〒八九二―〇八七三
鹿児島市下田町二九二―一
電話 〇九九―二四八―五四五五
振替口座 〇二〇七〇―三―二七九二九
URL http://www.nanpou.com/
e-mail info@nanpou.com

印刷・製本　株式会社 朝日印刷
定価はカバーに表示しています
乱丁・落丁はお取り替えします
ISBN978-4-86124-342-4 C0026